これだけは知っておきたい

川村眞一［著］
Kawamura Shinichi

Internal Auditing

内部監査の実務 三訂版

同文舘出版

三訂版はしがき

　私は、株式会社等の事業体の事業目的は健全かつ継続的発展の実現にあり、内部監査人の職務及び内部監査の役割はその実現の支援であると確信しているので、斯かる重要な職務の遂行とその実効を上げるために必要な内部監査実務の効率的かつ効果的実施要領を本書に取り纏めた。

　内部監査人の職務とは、立派な監査報告書を提出することではなく、経営目標の達成、事業の継続、事業体の存続を危うくする異常な事態等の抜本的排除に有効な助言を提供し、実行に導いて実現させることにより、事業体の健全かつ継続的発展に貢献することである。

　拙書『これだけは知っておきたい内部監査の基本』は、内部監査とはどのような業務でどのように実施すればよいか、そのためにどのような関連知識を知っておくべきか等を初心者に向けてわかりやすく解説した内部監査の入門編であり、本書は実務編である。

　本書は、何のために、どのような手続を、どのようなことに留意し、どのような様式を使用して行なえばよいか等を具体的にかつ詳細に解説した内部監査の実務の解説書であるが、標準作業の手順及び書式を記載したマニュアル本ではない。
　内部監査のマニュアル本に記載されている作業を何のためのものかを理解して行なうのでなければ、単なる表層的点検及び形式的報告文書の作成に終わってしまい、期待されている内部監査の実効を上げることができない。

現代の実践的内部監査は、自社及び企業集団各社が健全かつ継続的に発展できるよう支援する重要な業務であり、財務報告に係る内部統制のモニタリングという限定的業務ではない。

　内部監査人にとって大切なことは、①何のために内部監査を実施するのか（果たすべき任務は何か）を明確に自覚し、②一般に常識とされている又は解釈されている事柄に囚われたり惑わされたりせずに、物事の真実、実質、実態を見極め、事業体に金銭的及び評判的損失をもたらす異常な事態を的確に識別して、③異常な事態の抜本的解消に有効な監査意見を形成し、正確に表明して、その実現に導くことである。

　どのような業務も、効率的かつ効果的に実施して成果を上げることが肝要であり、そのためには、その目的を理解し、明確な目標及び期限を設定し、業務手順を組み立てる必要がある。
　内部監査では、これに加えて、監査先の組織及び業務等の実情が理に適っているかどうかの観点で検証して実態及び事実を確認し、その適否及び良否の評価をすることが重要である。

　一般に常識とされている事柄が事実ではなかったということも往々にしてあるにも拘わらず払うべき注意を払わなかったために事実であると誤認した結果、或いは異常な事態が存在しているにも拘わらず油断及び怠慢によって看過した結果、金銭的及び評判的損失の発生を予防できなかったという内部監査の失敗事例が多々ある。
　私が本書で特に詳しく解説するよう努めた事項は、理に適っているかどうかの観点での検証及びその裏付資料の入手による、事実かどうかの確認の重要性及びその確認のための検証の要領である。

この種の解説書の執筆に際して毎回思案をするのが、読者の皆さんが読みやすくかつ理解しやすいものとするためにはどのように順序立てて解説するのがよいかという、解説内容の組立である。
　前回の改訂版においては、冒頭から詳細な解説をすると理解が難しくなると考えて、①内部監査の基本的手続を概説、②実効を上げるための要件を解説、③内部監査の具体的手続を詳説という具合に、3つの章に分割して徐々に詳細な解説をする形を採用した。

　しかしながら、これでは第2章の概説と第4章の具体的手続の詳細な解説の間に第3章の実効を上げるための要件の解説が入ることにより、第4章を理解するために第2章を読み返す読者もあったのではないか、それはそれで理解を深めるのに効果があったと思うが…と思案を重ねた結果、次のように構成を組み替えることとした。
　即ち、改訂版では、第2章で内部監査の基本的手続を概説した後に、第3章で、①監査リスク・ベースの監査手法、②監査リスク・ベースの内部監査の概要、③監査リスク・ベースの内部監査の実施要領の解説をしたが、三訂版では、①及び②の解説を第1章に移した。③については、第4章「実効を上げる内部監査の要領」を新設し、そちらに移した。

　三訂版の章立てと改訂版からの変更の概要は、次の通りである。
第1章　内部監査の基本
　「内部監査の基本を身に付けることの重要性」を第3章に移し、「内部監査は経営者の代理業務であることを認識することの重要性」と「内部監査の実務に習熟するためには」等の解説を加筆した。
　「従来の一般的内部監査の弱点」の解説を全面的によりわかりやすいものに書き換え、「内部監査の実効を上げられない理由」を付加した。

第 2 章　内部監査の基本的手続
　基本手続の実施要領について、極めて具体的にかつ詳細に解説した。
第 3 章　実効を上げるための要件
　「実効を上げるために不可欠の要件」を手続の概説と詳説に分けて、極めて具体的にかつ詳細に解説した。
　「監査リスク・ベースの監査手法」等を第 1 章と第 4 章に移した。
　「異常性の感知等に必要な監査技術」を第 4 章に移した。
第 4 章　実効を上げる内部監査の要領（新設）
　「監査リスク・ベースの内部監査の実施手続」、「異常性及び健全性の検証の監査技術」、「監査手続の具体的実施要領」の解説を取り纏めた。
第 5 章　内部監査組織の業務（改訂版第 4 章）
　「監査人の主要業務」と「趨勢分析の実務」を削除した。「主要文書の書式」を第 2 章に移した。他の項目については、改訂版のままとした。趨勢分析については、第 4 章の「監査技術」で詳細に解説した。
第 6 章　内部監査実施上の留意事項（改訂版第 5 章）
　「内部監査実施上の留意事項」をより詳細に解説した。

　目次の後に、「本書を読む前に」と題して、本書の意図、構成、留意事項を解説してあるので、本文を読む前に、必ず読んで戴きたい。
　内部監査人の皆さんには、本書で解説した経営に貢献する内部監査の論理と実施要領の活用により、自社及び子会社の健全かつ継続的発展に貢献して、社内外の評価を高めて戴きたい。ガンバレ、内部監査人！

2016 年 2 月

川 村 眞 一

目　次

第1章　内部監査の基本

- Ⅰ　内部監査とは …………………………………………… 2
  - 1　内部監査は経営者の代理業務 ……………………… 2
  - 2　内部監査人に必要なもの …………………………… 3
  - 3　プロフェッショナルとなるためには ……………… 3
  - 4　内部監査の実務に習熟するためには ……………… 6
- Ⅱ　継続企業であることの重要性 ………………………… 7
  - 1　継続企業の意味とその重要性 ……………………… 7
  - 2　継続企業としての存続を阻害する原因 …………… 8
  - 3　継続企業となるために不可欠の要素 ……………… 11
- Ⅲ　経営に貢献する内部監査とは ………………………… 13
  - 1　経営に貢献する現代の実践的内部監査 …………… 13
  - 2　従来の一般的内部監査との違い …………………… 16
  - 3　現代の実践的内部監査の目的 ……………………… 20
  - 4　現代の実践的内部監査の実効 ……………………… 21
  - 5　内部監査人とその業務の属性 ……………………… 22
  - 6　内部監査人の本務 …………………………………… 23
- Ⅳ　監査リスク・ベースの監査手法 ……………………… 24
  - 1　リスク・アプローチとは …………………………… 24
  - 2　リスク・マネジメントと監査の概念の違い ……… 27
  - 3　リスク・マネジメントと監査の目的の違い ……… 28

4　リスク・マネジメントと監査の違いの総括 ………… 29
　　5　監査リスク・ベースの監査とは ……………………… 30
　　6　監査リスク・ベースの監査の論理 …………………… 31
　　7　それ以前の監査と監査リスク・ベースの監査の違い … 32
　　8　内部監査における監査リスクの発生原因 …………… 32
　Ⅴ　監査リスク・ベースの内部監査の概要 ………………… 34
　　1　監査リスク・ベースの内部監査の基本 ……………… 34
　　2　監査リスク・ベースの内部監査計画の作成 ………… 35
　　3　監査リスク・ベースの個別内部監査の実施 ………… 36

第2章　内部監査の基本的手続

　Ⅰ　基本的手続の概要 ………………………………………… 38
　　1　内部監査業務の3つの段階 …………………………… 38
　　2　内部監査業務の3つの段階の概要 …………………… 39
　　3　内部監査業務の3つの段階の要点 …………………… 43
　Ⅱ　基本的手続の詳細 ………………………………………… 45
　　1　予備調査の業務 ………………………………………… 45
　　2　本格監査の業務 ………………………………………… 59
　　3　意見表明の業務 ………………………………………… 65
　Ⅲ　主要文書の書式 …………………………………………… 69
　　書式1：監査業務計画書 ………………………………… 70
　　書式2：監査実施通知書 ………………………………… 71
　　書式3：往査日程通知書 ………………………………… 72
　　書式4：監査実施手順書 ………………………………… 73

書式５　：監査予備調書 ……………………………………… 75
　書式６　：監査概要報告書 …………………………………… 78
　書式７　：監査調書 …………………………………………… 79
　書式８　：監査結果通知書 …………………………………… 82
　書式９a：監査報告書 ………………………………………… 84
　書式９b：監査報告書 ………………………………………… 85

第３章　実効を上げるための要件

Ⅰ　実効を上げるために不可欠の要件 ……………………… 88
　1　内部監査の基本を身に付けることの重要性 ………… 88
　2　仕事で成果を上げるための秘訣 ……………………… 90
　3　内部監査の実効を上げるための手続の概説 ………… 90
　4　内部監査の実効を上げるための手続の詳細 ………… 92

Ⅱ　実効を上げるための留意事項 …………………………… 101
　1　チェック・リスト使用上の留意事項 ………………… 101
　2　監査マニュアル使用上の留意事項 …………………… 103
　3　テーマ監査実施上の留意事項 ………………………… 104
　4　不正のトライアングル排除の重要性 ………………… 105
　5　監査リスク・ベースの監査の実施 …………………… 106

第４章　実効を上げる内部監査の要領

Ⅰ　監査リスク・ベースの内部監査の実施要領 …… 108
　1　監査リスク・ベースの内部監査の実施手続 ………… 108
　2　監査要点設定の重要性 ………………………………… 110

		3	監査要点設定上の観点及び主要項目 ……………	111
		4	監査要点の設定及び検証の要領 …………………	114
		5	主要業務毎の監査要点設定上の観点 ……………	115
		6	外部監査の監査要点との違い ……………………	118

Ⅱ 異常性の感知及び継続性等の検証の監査技術 … 121
    1   一般監査技術 ………………………………………… 121
    2   個別監査技術 ………………………………………… 122
    3   分析的手続 …………………………………………… 127
    4   予備調査で適用する監査技術 ……………………… 127
    5   本格監査で適用する監査技術 ……………………… 128

Ⅲ 監査手続の具体的実施要領 ……………………… 129
    1   固有リスク、内部統制、統制リスクの評価の要領 … 130
    2   日常的モニタリングの有効性の評価の要領 ……… 133
    3   異常性／健全性を検証する監査手続の要領 ……… 137

第5章　内部監査組織の業務

Ⅰ 内部監査組織の主要業務 ………………………… 150

Ⅱ 監査組織責任者等の主要業務 …………………… 152
    1   内部監査の基本方針 ………………………………… 152
    2   内部監査の品質の評価 ……………………………… 156
    3   内部監査の品質の管理 ……………………………… 160
    4   内部監査人及び内部監査組織上位者の業績評価 … 163
    5   内部監査組織責任者の業績評価 …………………… 164

第6章　内部監査実施上の留意事項

- Ⅰ　監査全般における留意事項 …………………………… 168
- Ⅱ　予備調査における留意事項 …………………………… 173
- Ⅲ　本格監査における留意事項 …………………………… 175
- Ⅳ　意見表明における留意事項 …………………………… 179
- Ⅴ　本書の総括 ……………………………………………… 182

用語解説 ……………………………………………………… 185
索引 …………………………………………………………… 189

コラムの目次

1. professional、specialist、expert、generalist … 6
2. ロマンチック街道 …………………………………………… 12
3. ナポリタン・スパゲッティ ………………………………… 23
4. ドイツのFrankfurtと英国のStratford …………… 86
5. ウィンナー・ソーセージとウィンナー・コーヒー …… 100
6. サンドウィッチ伯爵 ………………………………………… 120
7. 天津丼と天津甘栗 …………………………………………… 128
8. avenue、boulevard、rue ………………………… 166
9. 間違った常識の危険性 ……………………………………… 181

本書を読む前に

本書は、以下の3つの目的を持って書いたものである。

＊拙書『これだけは知っておきたい内部監査の基本』で解説した内部監査の実施要領を体系的にかつ具体的に解説する。
＊同時に、拙書『現代の実践的内部監査』に記載した第5章の理論と第6章の実務を詳細にかつわかりやすく解説する。
＊もって、現代の実践的内部監査の概念、手法、効果が従来の一般的内部監査とどれだけ異なるかについて読者の理解を深め、その積極的採用によって自社及びその企業集団各社の健全かつ継続的発展に貢献する、実効のある内部監査の実施を促進する。

本書の基本的論理は、以下の通りである。

＊会社の最高経営執行者及び取締役は、自社及びその企業集団各社を健全かつ継続的に発展させる任務を負っている。
＊内部監査人は、自社及びその企業集団各社の健全かつ継続的発展を確実なものとするよう支援する任務を負っているので、その実効を上げる内部監査を実施しなければならない。

会社にとって重要なことは健全かつ継続的に（＝社会から信頼され、継続企業として）発展することであるが、2015年はデータ改竄及び不正会計という大手有名企業への信頼を揺るがす事態が明るみに出た。
　会社は、上場か非上場かを問わず、適正な（＝重要な誤謬及び虚偽の表示のない）財務報告をする義務を負っている。

それ故、財務報告の信頼性を高めるために財務報告に係る内部統制の整備が必要とされてきたが、それよりも不正な財務報告を必要としない状態を維持することが遥かに重要である。

　適正な財務報告をしていてもリスク・マネジメント態勢の不備による損失の発生及びコンプライアンス態勢の不備による社会的信頼の喪失で倒産する会社もあるので、会社等の事業体にとっての重要事項は、内部統制、リスク・マネジメント、コンプライアンスの態勢の整備により、健全かつ継続的に発展できる状態を確保することである。

　筆者が本書で解説している**現代の実践的内部監査**とは、会社及び当該企業集団全体が健全かつ継続的に発展できる状態を確保できるよう支援する、実効をもたらす内部監査である。

　本書の章毎の解説の眼目は、以下の通りである。

第1章　内部監査の基本
* 内部監査は経営者の代理業務
* 継続企業であることの重要性、そのために全般的内部統制と実践的内部監査の態勢を整備することの重要性
* 経営に貢献する現代の実践的内部監査の概観
* 従来の一般的内部監査との違い
* 内部監査の目的とその実効
* 内部監査人の属性とその本務
* 監査リスク・ベースの内部監査の概要

第2章　内部監査の基本的手続
* 内部監査の基本手続（3つの段階）の概要と詳細
  ・予備調査、本格監査、意見表明の実施要領と主要文書の書式

第3章　実効を上げるための要件
　＊実効を上げるために不可欠の要件
　＊実効を上げるための留意事項
第4章　実効を上げる内部監査の要領
　＊監査リスク・ベースの内部監査の実施要領
　＊異常性及び健全性の検証の監査技術
　＊監査手続の具体的実施要領
第5章　内部監査組織の業務
　＊内部監査組織の主要業務
　＊監査組織責任者等の主要業務
第6章　内部監査実施上の留意事項
　＊内部監査実施上の留意事項
　＊本書の総括

　実効をもたらす内部監査を実施するためには、必ず第1章から読んで内部監査人にとって何が重要なのか、何によって会社に貢献するのか、どうすれば実効を上げることができるのかを理解して戴きたい。
　具体的実施要領については第2章で、徐々に理解を深められるよう、基本的手続の概要とその詳細に分けて解説する。
　第3章においては、先ず、実効を上げるための不可欠の要件として、内部監査の目的とその基本を理解することの重要性、網羅的予備調査の実施と実施手順の組立の重要性、手続毎の実施要領等を解説する。
　次に、実効を上げるための留意事項として、チェック・リストと監査マニュアルの使用上の留意事項、テーマ監査実施上の留意事項、不正のトライアングル排除の重要性（内部監査における日常的モニタリングの有効性確認の重要性）、監査リスク・ベースの監査の重要性を解説する。

第4章においては、監査リスク・ベースの内部監査の具体的実施要領（3つの段階における適用の要領と監査要点の設定の重要性）、異常性の感知と健全性の検証、監査証拠の入手等に有効な監査技術を解説する。趨勢分析については、Ⅱの2で例示し、Ⅲでその実施要領を詳説する。
　第5章においては、内部監査組織責任者等のために、内部監査組織の主要業務、監査組織責任者等の主要業務とその実施要領を解説する。
　最後に、第6章において、3つの段階における内部監査実施上の留意事項について解説する。

　本書は、現代の実践的内部監査を実施する必要性とその有用性を解説する際に内部検査との違いを述べているが、大きな事業リスクを伴なわない社内組織及び店舗販売を基本とする関係会社に対しては、内部監査ではなく、内部検査で十分であることを承知しておいて戴きたい。

　本書に記載した事項があらゆる会社に適用可能なものではないこと、押し付けるものでもないこと、本項の解説に続けて例示した個別の内部監査の日程表及び第2章のⅢで例示した文書の書式（ひな形）も同様であることも承知しておいて戴きたい。
　これらはあくまでも参考であり、工夫を凝らして応用すること、自社及び当該企業集団を監査するのに適当なものに仕上げて使用することが肝要である。

　本項の解説に続けて個別内部監査の日程表を3種類例示しているが、これとは別に、第5章のⅠにおいて内部監査を2か月で実施する場合の詳細な日程表を掲載している。その理由は、監査先の規模の大小に関係なく1か月の監査期間ではその実効を上げることができないからである。

因みに、筆者がかつて勤務していた三菱商事㈱監査部は、1件の内部監査を3か月かけて実施している。そのため4年に1回の監査サイクルとなるが、ほこりを払う程度の監査を毎年実施するよりも十分な時間をかけて大掃除をする方が遥かに効果があるからである。

　本書では、読者が小休止する際の気分転換も兼ねて、1を除く8つのコラムで内部監査と無関係の事柄を題材とする誤認及び誤報を例示している。その目的は、以下に纏めた事項を心に留め、懐疑心を持ち正当な注意を払って、物事の実質、実態、真実を見極めて戴きたいからである。

　＊会社の存続を危うくする原因の1つに、経営者等による現状認識の誤り及びその結果としての油断がある。
　＊会社の存続を危うくする原因のもう1つに、内部監査人による指摘及び提言すべき異常な事態の看過がある。
　＊その原因の1つに、専門職としての懐疑心及び正当な注意の欠如があるが、それだけではなく、一般に常識と考えられていることに何の疑いも持たず安易に信用する性向がある。更に、一般に事実として認められていることが真実でないことも多々ある。権威ある学者が編纂した辞典にも誤りが少なからずある。

　本書で伝えたい事項は、枝葉末節に惑わされず、的確に物事の根幹を捉えて事実を確認することの重要性、実効を上げる監査意見を提供することの重要性、実効のある内部監査を効果的・効率的に実施するための要領及び留意事項である。

個別内部監査の日程表

① 3か月に1回実施する場合

項　目	2月	3月	4月	5月	6月
事前的予備調査の実施	---	---			
監査業務計画書の作成	---	---			
監査実施通知書の発送	●				
本格的予備調査の実施			―――		
往査実施通知書の発送			●		
監査実施手順書の作成			―――		
監査予備調書の作成			――		
往査事前説明会の開催				●	
監査先主管者との面談				●	
実地監査の実施				―	
監査概要報告書の作成				―	
監査概要報告会の開催				●	
監査先主管者との面談					●
監査調書の作成					―
監査結果通知書の作成					―
監査報告書の作成					―

② 2か月に1回実施する場合

項　目	2月	3月	4月	5月	6月
事前的予備調査の実施	---	---			
監査業務計画書の作成	---	---			
監査実施通知書の発送	●				
本格的予備調査の実施					
往査実施通知書の発送			●		
監査実施手順書の作成			―		
監査予備調書の作成			―		
往査事前説明会の開催			●		
監査先主管者との面談					
実地監査の実施				―	
監査概要報告書の作成				―	
監査概要報告会の開催				●	
監査先主管者との面談					
監査調書の作成				―	
監査結果通知書の作成				―	
監査報告書の作成				―	

項　目	2月	3月	4月	5月	6月
事前的予備調査の実施	----				
監査業務計画書の作成	----				
監査実施通知書の発送	●				
本格的予備調査の実施			──		
往査実施通知書の発送		●			
監査実施手順書の作成			──		
監査予備調書の作成			──		
往査事前説明会の開催					
監査先主管者との面談					
実 地 監 査 の 実 施			──		
監査概要報告書の作成					
監査概要報告会の開催					
監査先主管者との面談					
監 査 調 書 の 作 成			──		
監査結果通知書の作成			-		
監 査 報 告 書 の 作 成			-		

③ 1か月に1回実施する場合

　実効を上げる内部監査を実施するには、理想的には3か月、最低でも2か月が必要である。1か月で1件の個別監査を毎年実施するよりも、3年に1度又は2年に1度実施する方が遥かに有効なものとなる。

　1か月間では有効な予備調査ができないだけでなく、監査予備調書も監査調書も満足に書けないため、チェック・リストを用いた点検だけで終わってしまい、会社の存続を危うくする多額の損失をもたらす重大なリスクが潜んでいても発見できない。

　チリやホコリを払う程度の簡単な掃除よりも大掃除をする方が重要であることを理解して実効のある内部監査を実施しないと、表層的点検と形式的報告を繰り返すことになる。

　上掲の3種類の日程表は、あくまでも参考としての例示であり、手を加えて自社に相応のものに仕上げることが肝要である。

第1章

内部監査の基本

　現代の実践的内部監査は、重大な病気の予防又は早期発見並びにその治療及び再発防止により、株式会社等の事業体の健全かつ継続的発展への貢献を目的に行なう、事業体内部の各組織及び子会社等に対する健康診断及び加療上の助言である。

内部監査とは

1 内部監査は経営者の代理業務

　内部監査は、株式会社等の事業体の自主的判断により、取締役会又は最高経営執行者等の経営者に委託された事業体内部の者（内部監査人）又は外部の者（公認会計士等）が委託者（事業体の経営者）のために、その目となり耳となって実施する任意監査又は自主監査である。

　現代の内部監査は、事業体の経営者が、株主及びその他利害関係者に対するコミットメントを実現するため、受託職務を適切に果たすため、経営方針が社内各部署及び子会社の末端まで徹底されているかどうかを確かめるため、社内各部署及び子会社が計画通りに業績を上げているかどうかを確かめるため、内部統制の有効性を確かめる等の、監視義務を果たすため、内部監査人に行なわせる代理業務である。内部監査人は、これが自分の職務であることを認識した上で、業務に取り組む。

　要するに、内部監査は、経営者の代理人である内部監査人が、自社の職員及び子会社の役職員について職務執行権限、職務遂行義務、結果報告義務を適時・適切に果たしているかどうかを検証する業務である。
　しかしながら、監査先に忌避されては内部監査の実効を上げることができないので、監査先がその職務を適時かつ適切に果たしていることを証明する業務であるとの態度で接するのがよい。

2　内部監査人に必要なもの

　内部監査人に必要なものは、専門分野の知識及び経験よりも、注意力、感性、知恵、平衡感覚、一般常識、論理的思考能力である。

　内部監査人の任務は、監査先の組織及び業務上のムリ、ムラ、ムダ、未対処の重大なリスク、内部統制の不備等の異常な事態を発見し、その抜本的解消（再発防止）に有効な助言を提供することである。

　内部監査の成否は監査意見に繋がる異常性を予備調査において感知できるかどうかにかかっているので内部監査人は、注意力及び感性を育んで異常性を感知し、知恵を活かして物事の本質を見抜き、平衡感覚及び一般常識で判断すればよい。

　監査先の任務及び業務は何であり、その目標は何か、その業務に適用される法律及び規則は何であり、何のためなのかという、根幹の概念の把握及び理解ができれば、その業務は妥当なのか、十分なのか、不適当ではないのかという疑問を持ち、適切な評価及び判断が可能となる。

　内部監査においては、法律及び規則に照らした判断も必要であるが、それらは、実務を経験していく過程で、自然に理解できるものである。

3　プロフェッショナルとなるためには

　内部監査のプロフェッショナルは、心・技・体の三拍子を兼ね備えた内部監査人である。そうなるためには、先ず内部監査のエキスパートにならなければならない。

心とは、専門職としての義務感、責任感、正義感、懐疑心である。
技とは、専門職としての能力、専門知識、技能である。
体とは、専門職としてのintegrityを保持する姿勢である。

（1） 内部監査のエキスパートとなるためには

[1] 内部監査の基本を理解する
　監査目的を理解する ⇒ 予備調査によって監査目標及び監査要点を設定する ⇒ 実地監査を効率的かつ効果的に実施するための方法及び手順を監査実施手順書に記載する ⇒ これを実行に移す（進行状況及び有効性を随時確かめ工夫を加えて目標の達成を図る）⇒ 異常な事態を発見して監査証拠を入手する ⇒ 原因を究明して合理的かつ客観的な監査意見を形成する ⇒ 事実誤認がないかどうかの吟味及び証拠力を吟味して監査リスクを合理的に低い水準に抑える ⇒ 監査意見をその利用者に正確かつ簡潔明瞭に伝達する。

[2] 十分な時間を確保する
　ちりを払う程度の検査を毎年実施するのは監査資源の浪費であり、それよりも３年に１度の大掃除の監査の方が遥かに有効である。
　形式的監査ではなく、実質的（＝実のある）監査をじっくりと実施することが、上達に繋がる。

[3] 地に足の着いた個別内部監査を実施する
　広範な専門知識を有していても、内部監査の基本知識を理解せず、表層をなでるだけの形式的監査では実効を上げることができない。
　地に足の着いた監査を実践することが、肝要である。

（2） 内部監査のプロフェッショナルとなるためには

[1]　専門職としての自覚を持って内部監査を実施する
　専門職としての義務感、責任感を持って実施する。
　専門職としての懐疑心を持ち、正当な注意を払って実施する。
　コンプライアンスの精神を理解し、それに基づく評価に努める。
　　監査意見の合理性は、監査対象業務の実態を判断基準となる法律、規則、規程、基準、社会規範、業務目標等に照らして評価することによって担保される。

[2]　内部監査の能力、専門知識、技能の習得と研鑽に努める
　能力とは、問題（異常な事態）の発見、理解、解消策立案の能力を意味する。
　専門知識とは、税務、財務、会計、IT、ビジネス、コーポレート・ガバナンス、インターナル・コントロール、リスク・マネジメント、コンプライアンス（＝法律、規則、規程、基準の遵守及び社会規範の尊重）、社内業務等を意味する。
　技能とは、監査技術、監査手続、計量的手法、コミュニケーション能力等を意味する。

[3]　独立性と客観性の堅持に努める
　相手によって加減を加えず、是々非々の意見を淡々と述べる。
　内部監査人のintegrityとは、監査意見の提供において常にぶれがないことを意味している。

以上の3項目を満足する者が内部監査のプロフェッショナルである。

4　内部監査の実務に習熟するためには

「失敗は成功の母」ということわざの意味を理解して実行することが、内部監査の実務に習熟する早道である。最初からうまくできなくて当然であり、うまくできないのはそれなりの理由があるからである。

2度や3度の失敗にくじけずに、失敗の原因を究明して、同じ失敗を繰り返さないよう、反省、工夫、改善の努力をすることが肝要であり、原因の究明は、うまくいったときも行なう必要がある。

---

column 1　professional、specialist、expert、generalist

プロフェッショナルとは、ある特定分野における広範かつ深遠な専門的知識及び経験を持ち、全体を俯瞰して最適の方策を案出して問題を解決できる人を言う。

エキスパートとは、ある特定分野における専門的知識及び経験が豊富でかつ他者よりも卓越している人（いわゆるその道の権威）を言う。

スペシャリストとは、ある特定分野における知識及び経験を持ち、その分野に特化して仕事をする人、（いわゆるその道一筋の人）を言う。但し、その分野では著しく秀でているがそれ以外は苦手ということもある。

ジェネラリストとは、特定分野ではなく複数の分野において一定以上の知識や技術を持ち、仕事をしていく人を言う。

因みに、管理者に必要なものは、様々な特定の分野に精通した専門家を適材適所で活用し、協働させる能力である。

継続企業であることの重要性

1　継続企業の意味とその重要性

　継続企業とは、企業は事業の終了の都度解散せずに継続して存在することを意味するが、企業会計においては、継続企業の前提でなければ、費用配分の原則に基づいて、有形固定資産の取得原価をその耐用期間における各事業年度に配分することができないことを意味する。

　企業の財務諸表は事業活動が将来に亘って継続することを前提として作成されているので、当該企業が1年内に存続しなくなるのであれば、取得価額－減価償却累計額ではなく処分価額を固定資産勘定に計上しなければならない筈であるが、現行の会計基準ではそのように規定されておらず、有価証券報告書で当該疑義を開示することになっている。

　投資者にとって最大の被害は、企業による粉飾ではなく、経営の破綻である。粉飾による不正な財務報告が為されても株券は無価値にならないが、不正な財務報告が為されなくても経営破綻すれば株券は無価値になるからである。

　金融商品取引法で規定された財務諸表監査の目的は、虚偽及び重要な誤謬が含まれている不正な財務報告によって、誤った投資判断をしないよう投資者を保護することにあるが、それだけでは、投資者保護として十分ではない。

　何となれば、上場会社が適正な財務諸表を公開していても、短期間に解散又は清算すると、投資者の利益は保護されないからである。

投資者を保護するためには、上場会社に適正な財務報告を作成させるだけでなく、継続企業（ゴーイング・コンサーン、going concern）としての存続能力を確保させる必要がある。

会社の経営破綻による被害者は、投資者だけでなく、消費者、取引先、借入先、従業員及び経営者等多岐に互るので、経営者が整備すべき内部統制とは、財務報告だけでなく、業務上の重大な誤り（ミス）及び過ち（違反・不正）を予防、発見、是正する**全般的内部統制の体制及び態勢**でなければならない。

体制とは、制度（規程及び基準等の制定、職務の分担及び権限の付与による業務の牽制）、手続、方法、書式等の決め事（仕組、**システム**）を意味する。

態勢とは、事業体の構成員が制度、手続、方法、書式等の仕組に従う身構え及び行動（**プロセス**）を意味する。

内部統制の体制が設計通り構築されていても、実行と実効が伴なわなければ、有効に機能せず、形骸化してしまう。

2　継続企業としての存続を阻害する原因

(1)　継続企業としての存続を阻害する主因

継続企業としての存続を阻害する主因として、以下の4つがある。

[1]　リスク・マネジメントの不備

重大な事業リスクの現実化による多額損失の発生を予防できない、全般的内部統制（に含まれているリスク・マネジメント）の体制及び態勢の不備

[2] コンプライアンスの不備

　損失の発生をもたらすコーポレート・ブランドの低下の原因となる法令及び社会規範への抵触を予防できない、全般的内部統制（に含まれているコンプライアンス）の体制及び態勢の不備

　コンプライアンスとは、**法令の遵守**及び**社会規範の尊重**を意味する。

[3] 財務報告に係る内部統制の評価の不備

　外部監査人による不適正意見の記載並びに不正な財務報告の発生を予防できない（全般的内部統制に含まれている）財務報告に係る内部統制の不備を発見できない、評価の体制及び態勢の不備

[4] 内部監査の不備

　直接的に損失をもたらすリスク・マネジメントの不備及び間接的に損失をもたらすコンプライアンスの不備等の、異常な事態を発見できない、内部監査の体制及び態勢の不備

(2) 継続企業としての存続を阻害する従因

継続企業としての存続を阻害する従因として、以下の4つがある。

[1] 誤解による経営者等の安心及び油断

　全般的内部統制、財務務告に係る内部統制、リスク・マネジメント並びにコンプライアンスの体制及び態勢に不備があるにも拘わらず、斯かる事実を指摘する報告がないことをもって有効に機能していると錯覚することによる、経営者等の安心及び油断

[2] 内部統制評価者の表層的点検及び不合理な評価
　　財務報告に係る内部統制の不備を発見できない、評価者の表層的な点検及び非客観的評価

[3] 内部監査人の表層的点検及び形式的意見
　　内部統制、リスク・マネジメント、コンプライアンスの不備を発見できない、内部監査人の表層的点検及び形式的意見

[4] 経営者等の財務報告に係る内部統制の評価への偏重
　　経営者の財務報告に係る内部統制評価への傾倒による、全般的内部統制及び内部監査の軽視及び不整備

　　全般的内部統制の軽視（＝財務報告に係る内部統制の整備への専念）及び不整備は、その重要性を理解していない経営者等の誤解に起因する。
　　内部監査の軽視（＝財務報告に係る内部統制の有効性評価への専念）及び不整備は、経営者等の誤解に加えて、表層的点検及び形式的意見に終始する内部監査に起因する。

（3） 継続企業としての存続を阻害する原因の要約

　以上で解説した継続企業としての存続を阻害する原因を要約して言い替えると、以下の通りである。

[1] 業務担当部署の不備
　　多忙、不注意、惰性、怠慢に起因する、業務担当部署の内部統制の態勢の不備

[2] 内部統制評価担当者の非客観的評価

　明確な判断基準の不備に起因する、財務報告に係る内部統制の評価担当者の非客観的評価

[3] 内部監査人の誤認及び形式的意見

　短絡的思考、不注意、怠慢に起因する、内部監査人の誤解、思込、断定、これらに起因する、表層的点検及び形式的監査意見

[4] 経営者等の不注意及び不作為

　低品質の内部監査及び形式的意見を安易に信用する経営者等の安心及び油断、重大な事業リスクの軽視等に起因する、善管注意義務違反及び不作為

　これらが「いわゆる不測の事態（予期せぬ事態）」をもたらすが、不測の事態は、厳密には「可測の事態（想定し得る事態）」であり、不測という修飾語は、責任回避及び言い訳に他ならない。

3　継続企業となるために不可欠の要素

(1)　全般的内部統制の体制及び態勢の整備

　会社及び企業集団に継続企業としての存続能力を確保させ、健全かつ継続的に発展させるためには、全般的内部統制（特に、リスク・マネジメント）の体制及び態勢を整備し、有効に機能させなければならない。

　健全とは、コンプライアンスへの適合を意味する。

　コンプライアンスとは、**法令の遵守**＋**社会規範の尊重**である。

(2) 現代の実践的内部監査の体制及び態勢の整備

　内部統制を有効機能させ、かつ継続企業としての存続能力を確保するためには、従来の一般的内部監査及び内部検査の主要業務であった法令等への適合性及び記録等の正確性の点検よりも、重大な損失をもたらす要因（hazard）を内在している監査先の組織及び業務上のムリ、ムラ、ムダ、未対処の重大なリスク、全般的内部統制の不備等の異常な事態の発見に有効な検証並びに当該事態の抜本的解消に有効な指摘及び提言をする現代の実践的内部監査を実施して、その実効を上げる必要がある。

　『現代の実践的内部監査』の「**実践**」は、一般的な「理論に対する実践」ではなく、「**自身の行動によって環境を変えていくこと**」を意味している。

---

column2　ロマンチック街道

　ドイツ南部に、ヴュルツブルクとフュッセンの間にある27の中世の町を結ぶ全長約366kmの、ロマンチック街道（Romantische straße）という名称で日本人に広く知られている観光ルートがあるが、この名称は外国人観光客を呼び寄せるために1960年代に付けられたものであり、ドイツ語の正式表記は休暇街道（Ferienstraße）である。

　元は、ローマ帝国が属州支配のために切石で舗装して造り、ラテン語で（Via Strata Romana）と呼ばれたローマの軍道であり、後世になって、ローマへの巡礼に使われるようになった。

　同様のものがスペインに銀の道（Ruta de la Plata）として残っている。因みに、英語のstreetも、ドイツ語のstraßeと同様に、舗装した街道や道路を意味するラテン語のstrataを語源としている。

経営に貢献する内部監査とは

1　経営に貢献する現代の実践的内部監査

(1)　経営に貢献するとは

　「経営に貢献する内部監査」の「経営に貢献する」とは、取締役会及び最高経営執行者等の経営者の懸念事項及び関心事を監査して、その経営判断、全般的内部統制体制の整備、財務報告に係る内部統制の有効性の評価、内部統制報告書の作成等に有用な情報を提供することである。
　内部監査は、経営者の目となり耳となって行なう、代理業務（＝受託業務）であるから、経営者の懸念事項及び関心事を的確に理解し、その期待に応える必要がある。

経営者の懸念事項及び関心事は、基本的に以下の3つである。

① **予算の達成度**
　　経営目標が確実に達成されかつ会社の財産が保全されて、安定的かつ継続的事業の運営、雇用、配当が実現できるか。

② **リスク・マネジメントの有効性**
　　リスク・マネジメントの失敗によって多額の損失を計上し、継続企業としての存続能力を喪失する惧れはないか。

③　コンプライアンスの有効性
　　不祥事及び違法行為によって会社の信用を失墜し、継続企業としての存続能力を喪失する惧れはないか。

　経営に貢献する内部監査とは、これら3つの実態を検証して経営者に報告し、経営判断に資する、併せて、異常な事態の抜本的解消に有効な施策を監査先の責任者に提供してその実現に導き、自社及び子会社等の健全かつ継続的発展に資するものである。

(2)　現代の実践的内部監査とは

　経営に貢献する現代の実践的内部監査は、会社の経営目標の達成及び事業目的の実現を支援する健康診断及び有効な助言の提供である。

　現代の実践的内部監査とは、病気の予防又は感染している病気の早期発見及び再発防止のために実施する、自社の組織及び子会社等に対する健康診断及び加療上の助言である。内部監査人は、被験者に診断の結果（未病又は既病の程度）を説明し、予防又は加療及び再発防止に有効な処置を助言し、その実現に導くことによって、経営に貢献する。
　内部監査人は意見を提供するだけであり、その受入は監査先が判断する。

　現代の実践的内部監査においては、従来の一般的内部監査のような、監査先の業務の現状が規準に適合しているか、基準を充足しているか、所定の責任者の承認印を取得しているか、業務の結果が正確であるか、重要書類を一定期間適切に保管しているかだけでなく（それよりも）、次の事項について、重点的に検証する。

＊経営目標を着実に達成しているか
＊経営目標の達成を阻害する業務上のムリ、ムラ、ムダ、不備、問題、未対処の重大なリスク等の異常な事態が潜在してはいないか
＊全般的内部統制の体制及び態勢の不備が潜在してはいないか
＊継続企業としての存続能力（事業の継続能力）が確保されているか

「継続企業としての存続能力」は、「当該組織の存続能力」或いは「当該組織の事業の継続性」と読み替えてもよい。

＊子会社等の事業体外の組織の監査では、継続企業としての存続能力が確保されているかどうか（監査先の事業の継続性）を重点的に検証する。
＊事業体内の組織の監査では、当該組織の存続能力が確保されているかどうか（監査先の事業の継続性）を重点的に検証する。

　検証とは、規準への適合性、基準の充足性、業務及び結果の有効性等の観点での、実情の点検、関連資料の加工、分析、突合、比較、分析結果の評価による確認である。
　検証においては、閲覧、勘定分析、比較、突合（＝照合）、年齢調べ、趨勢分析、面談、実査、確認等の監査技術及び監査手続を適用して、評価及び確認を行なう。

　異常な事態の存在を確認したときは、その発生原因を究明し、異常な事態の存在及び発生原因を立証する監査証拠を確保し、原因及び実情を（異常な事態の抜本的解消の重要性を）指摘し、生活習慣の改善、体質の改善、治療、患部の切除等に相当する加療及び再発防止（異常な事態の抜本的解消＝根絶）に有効な施策を提言する。

監査意見（指摘及び提言）の合理性及び客観性を立証する監査証拠を必ず確保しておかなければならない。監査の実施者及び内部監査組織の上位者は、監査証拠が監査意見の合理性及び客観性の立証に十分な証拠能力を有しているかどうか、監査意見が真に合理的かつ客観的なものかどうかをしっかりと吟味しなければならない。

付与された任務を監査人が適切に遂行したことを証明するために必要不可欠の重要書類が監査調書と監査証拠である。

2 従来の一般的内部監査との違い

(1) 内部検査と従来の内部監査の同一性

従来の一般的内部監査では、内部検査と同様に、チェック・リストを使用して点検を行ない、発見した不備及び違反等の改善を要請する。

これでは、是正勧告と改善要請という僅かな違いがあるだけであり、基本的に変わりはない。そもそも、要請は、監査意見ではない。

(2) 従来の一般的内部監査の弱点

従来の一般的内部監査には、以下の6つの弱点又は欠落がある。

[1] 規程等の網羅性、整合性、適正性を点検しない

規程、基準、手続、書式の整備状況を点検するが、内容の網羅性、適正性、有効性、十分性を検証しない。

これでは、社内規程、基準、手続、書式等が有効であることを保証できないし、その内容に不備及び不整合があっても気づかない。

[2]　規程等に準拠していない理由を究明しない

　社内の規程、基準、手続、書式等に準拠しているか否かを点検し、準拠していない原因を究明しない。

　これでは、是正要請に終り異常な事態の抜本的解消を図れない。

[3]　一連の業務を追跡して点検しない

　契約不履行等の異常な事態の発生の感知に必要な、売買契約⇒商品受渡⇒代金決済という、一連の業務の推移を追跡して点検しない。

　チェック・リストを使用して脈絡のない事項を点検しても、異常な事態を容易に発見できない。

[4]　趨勢分析を適用しない

　会計処理の異常変動の有無の点検、業務の有効性の点検、事業及び収益の継続性の点検をしない。

　趨勢分析を適用しなければ、これらの点検はできない。

[5]　異常な事態の抜本的解消に有効な提言をしない

　監査意見であると誤解して改善要請をするだけである。この結果、異常な事態の一時的是正は図れるが、抜本的解消は図れない。異常な事態へのパッチワーク的対処でなく、抜本的解消に有効な提言をしなければ、個別監査の実施の都度もぐら叩きを繰り返すことになる。

[6]　異常な事態の抜本的解消を図れないことに気付かない

　上司の承認印の取得、誤計算及び誤記の訂正、重要文書の作成及び保管等の改善を要請して異常な事態が解消したと錯覚し、それがつぎあてに過ぎず、同様事態の再発防止に役立たないことに気付かない。

責任者の承認印を得ていなかったという社内規程違反であっても、穏便にすますために「承認印の取得漏れ」という表現で改善を求め、責任者が押印すれば、それで改善が実現したと錯覚する。
　計算及び記録等に誤りがあった場合は、その訂正をもって、改善が実現したと錯覚する。
　責任者が申請書及び報告書に押印するということは、①その内容を点検して問題がないと確認した（管理監督業務を遂行した）こと及び②問題が発生した場合は自分が責任を取ると表明することである。
　責任者の承認印がないということは、①責任者が部下の業務の管理監督業務（日常的モニタリング）を遂行していないこと及び②部下が社内規程に違反していることを意味する。
　承認は事前に取得するべきものであり、事後承認は、①部下の違反行為の追認となるだけでなく、②責任者の任務懈怠（怠慢）の隠蔽となるので、事後承認は死語としなければならない。

（3）　内部監査の実効を上げられない主因

内部監査の実効を上げられない主因として、以下の6つがある。

[1]　内部監査の目的を理解していない
　内部監査の目的を理解していないので、何をどのようにすればよいかがわからない。

[2]　限られた時間を有効に使っていない
　監査実施手順書を使っていないから（合理的な往査の段取を組んでいないから）、時間を有効に使えず、尻切れトンボで終わる。

[3] 監査先に特有のリスクを探索しない

　監査先に特有のリスクを探索しないので、その経営に痛手を与える重大なリスクの現実化を予防する監査意見を提供できない。

[4] 枝葉末節しか見ない

　得意なところ、興味のあるところ、容易なところ、枝葉末節を調査する。重要でないところばかりほじくるので、重要なリスクの存在を見落し、重箱の隅を突くと揶揄される。

　経営者の代理人である内部監査人が調査をすべきところ即ち経営に貢献する内部監査で調査すべきところはその対極にある。

[5] 一般的な事項しか点検しない

　チェック・リストに記載された事項、回収遅延の有無、滞留在庫の有無、承認印の有無、重要書類の保管状況程度しか点検しないので、監査先の経営管理に役立つ監査意見を形成できない。

[6] 監査意見を簡潔明瞭に伝達できない

　助詞の遣い方（て、に、を、は）及び言葉遣い等の文章能力に難があるために、意図した事項を簡潔明瞭に伝達できない。このために、監査意見を受け入れて貰えず（無視され）、内部監査の実効を上げることができない。

　総ての組織及び業務について本格的内部監査を実施する必要はない。重大な事業リスクを伴なわない社内組織（銀行、保険会社、証券会社等の支店）及び店舗販売を基本とする会社等（量販店、小売店、ガス・ステーション、販売所、飲食店等）の場合は内部検査で十分である。

監査先の組織及び業務上のムリ、ムラ、ムダ、未対処の重大なリスク、内部統制の態勢の不備等の異常な事態の原因及び実情の指摘並びにその改善及び再発防止に有効な施策の提言を監査意見と言う。
　監査証拠を入手するための手段及び方法を監査技術、それらの複数の組合せを監査手続と言う。

3　現代の実践的内部監査の目的

　自社及び企業集団各社の継続企業としての存続能力の確保に貢献する現代の実践的内部監査の目的は、その損失の予防、収益の拡大、資産の保全、企業価値の増大等の経営目標の達成を支援することにより、健全かつ継続的発展という事業目的の実現を支援することにある。

　換言すると、事業体の経営目標の達成及び事業目的の実現を阻害する要因を発見して、その原因及び実情を指摘し、阻害要因の抜本的排除に有効な施策を提言してその実現に導くことにより、事業体の経営目標の達成及び事業目的の実現を確実なものとするよう支援することである。

　因みに、内部監査人協会（以下、IIAと略す）の1999年に改訂された基準は、内部監査について、以下の通り定義している。

　内部監査は、組織体の事業に価値を加え、向上させるためにデザインされた、独立的、客観的アシュアランス及びコンサルティングの活動である。内部監査はリスク・マネジメント、コントロール、ガバナンスのプロセスの有効性を評価して向上させるための規則正しく規律のとれた手法の適用によって組織体が目標を達成するのを支援する。（筆者訳）

IIAが定義した内部監査の目的は事業への付加価値及び組織体目標の達成の支援にあるが、監査先に対するコンサルティング活動は不適切であり、内部監査における監査意見としての助言に限定する必要がある。

＊コンサルティングは、内部監査の独立性及び客観性を損ねる。
＊アシュアランス（監査業務）とコンサルティング（非監査業務）という自己矛盾する業務の同時提供をしてはならない。

4　現代の実践的内部監査の実効

　自社及び企業集団各社の継続企業としての存続能力の確保に貢献する現代の実践的内部監査の実効は、その事業目的の実現を支援するという監査目的に適った内部監査を実施して提言を実現させることである。

　監査先の業務に潜在している異常な事態を発見し、その抜本的解消に有効な助言を提供して実現に導くためには、監査先責任者を納得させて積極的に対応させる監査意見並びに最高経営執行者及び取締役会の経営判断に役立つ監査意見を提供しなければならない。

　内部監査の実効を上げるために必須の要件は、以下の3つである。

[1]　異常な事態の発見
　異常な事態の発見及び抜本的解消が、予算、計画、目標の達成及び事業継続能力の確保並びに怠慢、誤謬、不正の予防を可能にするので、内部監査の成否は、内部統制の不備から発生する異常な事態の発見にかかっている。

［2］　内部統制の有効性の評価

　①金銭的、評判的打撃を与える重要なビジネス・リスクを特定する、②それらに対する内部統制（リスク・コントロール）の有効性を評価する、③これが有効に機能していないために残る統制リスクの程度を評価する、④特定した統制リスクの高い事項を重点的に検証する。

　これが、経営に貢献する現代の実践的内部監査の効率的かつ効果的実施方法である。

　予備調査で内部統制（リスク・コントロール）の有効性を評価する理由は、監査リスク・ベースの内部監査を実施するためである。

［3］　監査リスク・ベースの監査の実施

　異常な事態を効率的かつ効果的に発見する内部監査の実施方法は、監査リスク・ベースの監査手法である。

5　内部監査人とその業務の属性

　取締役会又は最高経営執行者等（経営者）のスタッフである内部監査人は、客観的かつ率直な意見を提供するため、外見的にも実質的にも、その独立性を保持していなければならない。

　内部監査人は、客観的に検証を行ない、助言を提供するだけであり、ライン組織に指図をしたり、自ら実行したり、コンサルティング業務を提供したりしてはならない。

　内部監査は取締役会及び最高経営執行者等からその職務の一部である監視業務を受託して行なう代理業務であるから、経営者の懸念事項及び関心事項を的確に理解し、その期待に応える必要がある。

6　内部監査人の本務

　内部監査人の本務は、自社及び企業集団各社の健全かつ継続的発展の支援を目的とする、健康診断及び加療上の助言であり、適正な内部統制報告書の作成を目的とする、財務報告に係る内部統制の評価ではない。

　内部監査人が内部統制の有効性を検証する目的は、事業目的の実現を阻害する要因となる異常な事態を発見し、それらの抜本的解消に有効な施策を監査先責任者に提言するとともに、経営判断及び財務報告に係る内部統制の評価に有用な情報を経営者に提供することにある。
　財務報告に係る内部統制の評価は、会社代表者が提出する内部統制報告書を作成するため及び／又は（事業目的を実現するための手段である）財務報告に係る内部統制の有効性の点検、整備、改善のために実施するものであり、事業目的の実現を直接的に支援するために実施するものではない。

column3　ナポリタン・スパゲッティ

　日本人に広く食されているナポリタン・スパゲッティは、実は、ナポリだけでなく、イタリアのどこにもない。

　イタリアには、スパゲッティ・アラ・ナポリターナ（spaghetti alla napoletana）という名前の類似したものがあるが、それはスパゲッティにトマト・ソースをかけてバジリコの葉を乗せただけのものである。

　ナポリタン・スパゲッティは、スパゲッティ、ハム、玉ねぎをトマト・ケチャップで味付けした、日本独特のものである。

Ⅳ 監査リスク・ベースの監査手法

1 リスク・アプローチとは

　リスク・アプローチ（risk approach）のリスク・マネジメントと監査リスク・ベースの監査の概念と対象は、以下の通り、大きく異なる。

(1) リスク・マネジメントの分野の用語とその意味

　リスク・アプローチの概念を理解するためには、先ず以下の恒等式の用語と意味を理解しなければならない。

　　潜在リスク − リスク・コントロール ＝ 残余リスク
　　inherent risk（IR）− risk control（RC）＝ residual risk（RR）

[1]　inherent risk（IR、潜在リスク）
　　これは、制度、組織、業務等に内在しているリスクを意味する。

[2]　risk control（RC、リスク・コントロール）
　　これは、潜在リスクに対するコントロール（制御）を意味する。

[3]　residual risk（RR、残余リスク、残存リスク）
　　これは、コントロールをすり抜けて残る潜在リスクを意味する。

(2) 内部統制及び監査の分野の基本的用語とその意味

固有リスク － 内部統制 ＝ 統制リスク
inherent risk（IR）－ internal control（IC）＝ control risk（CR）

リスク・コントロールは、トップ・ダウンで実施する。
トップ・ダウンとは、複数の潜在リスクがある場合、そのリスクの高いものを優先してリスク・コントロールを施すという意味であり、経営者の指示に基づいてという意味ではない。
財務報告に係る内部統制の有効性の評価も、『内部統制基準』で、トップ・ダウン型のリスク・アプローチの活用が明示されている。

[1]　inherent risk（IR、固有リスク）
　これは、制度、組織、業務等に内在しているリスクを意味する。
　　外部監査の場合は、虚偽の表示を意味する。
　　内部監査の場合は、異常な事態を意味する。

[2]　internal control（IC、インターナル・コントロール）
　これは、固有リスクに対するコントロール（制御）を意味する。

[3]　control risk（CR、統制リスク）
　これは、コントロールをすり抜けて残る固有リスクを意味する。
　　外部監査の場合は、内部統制によって予防、発見、是正できない虚偽の表示を意味する。
　　内部監査の場合は、内部統制によって予防、発見、是正できない異常な事態を意味する。

潜在リスクと固有リスクは、和訳が異なるが、同一の概念である。
　残余リスクと統制リスクは、原語及び和訳が異なるが、同一の概念である。
　リスク・コントロールとインターナル・コントロールも、原語及び和訳（潜在リスク及び固有リスク）は異なるが、どちらも事業に潜在している固有のリスクに対するコントロールという意味であるから、同一の概念である。

(3)　監査の分野の追加的用語とその意味

　監査の分野では、更に、以下の用語が加わる。

[4]　audit（A、監査）
　これは、監査を意味する。
　外部監査の場合は、EA（external audit）又は FA（financial statement audit：財務諸表監査）と表記する。
　内部監査の場合は、IA（internal auditing）と表記する。

[5]　detection risk（DR、発見リスク、摘発リスク）
　これは、監査によって発見できないリスクを意味する。
　外部監査の場合は、監査人が看過する虚偽の表示を意味する。
　内部監査の場合は、監査人が看過する異常な事態を意味する。

[6]　audit risk（AR、監査リスク）
　これは、発見リスクの現実化（＝監査の失敗）によって適切な監査意見を形成できないリスクを意味する。

外部監査の場合は、監査人が虚偽の表示を看過したことに気付かずに、適正意見を表明することを意味する。

内部監査の場合は、監査人が異常な事態を看過したことに気付かずに、指摘及び提言しないことを意味する。

これらの用語を加えた恒等式は、以下の通りとなる。

統制リスク － 監査 ＝ 発見リスク ⇒ 監査リスク
control risk（CR）－ audit（A）＝ detection risk（DR）⇒ audit risk（AR）

2　リスク・マネジメントと監査の概念の違い

リスク・マネジメントの分野と監査の分野での概念の違いは、以下の通りである。

(1)　リスク・マネジメントの分野の概念

$$IR - RC = RR$$

事業等に重大な影響を及ぼす蓋然性（がいぜん）の高い潜在リスク（IR）に対して十分なコントロール（RC）を施してコントロールの効かない残余リスク（RR）を低く抑えることにより、リスクの現実化及び影響を低く抑える。

蓋然性（probability）とは可能性（possibility）よりも確実性の度合が高いことを言うが、両者を厳密に区別せず、可能性と理解しても、特に支障はない。

(2) 外部監査の分野の概念

$$IR - IC = CR \quad CR - EA = DR \Rightarrow AR$$

　重要な虚偽の表示を見過ごして誤った監査意見を形成する監査リスク（AR）を低く抑えるために重要な虚偽の表示が含まれている可能性の高い統制リスクに有効な監査手続を十分に実施することにより、発見リスク（DR）を低く抑制する。

(3) 内部監査の分野の概念

$$IR - IC = CR \quad CR - IA = DR \Rightarrow AR$$

　多額の損失及び不祥事をもたらすリスクをはらんでいる異常な事態を看過して監査意見を表明できない監査リスク（AR）を低く抑えるため、異常な事態が含まれている可能性の高い統制リスクを重点的に検証することにより、発見リスク（DR）を低く抑制する。

3　リスク・マネジメントと監査の目的の違い

　リスク・マネジメントの分野と監査の分野での目的の違いは、以下の通りである。

(1) リスク・マネジメントの分野の目的と対象

$$IR - RC = RR$$

計画の未達及び多額損失の発生等の重大な影響を及ぼす蓋然性の高いビジネス・リスクの現実化及びその影響度の抑制を目的に、潜在リスク（IR）にアプローチする（リスク対応に取り組む）。

　内部統制の整備においても「リスク・アプローチ」と言う用語が使用されているが、その場合の「アプローチ」も、リスク・マネジメントの分野と同様の意味で使用されている。

(2)　監査の分野の目的と対象

$$IR － IC = CR \quad CR － A = DR \Rightarrow AR$$

　監査リスクの抑制に不可欠の発見リスクの抑制を目的に、重大な統制リスク（CR）にアプローチする（重点的に検証する）。

4　リスク・マネジメントと監査の違いの総括

　リスク・マネジメントの分野と監査の分野で使用されているリスク・アプローチという用語の概念、目的、対象の違いについて要約すると、以下の通りである。

① 　リスク・マネジメントにおいては、重大な事業リスクをしっかりとコントロールしてその現実化により金銭的損失が発生する蓋然性及び発生する損失額を低い水準に抑制するために、当該事業リスク＝潜在リスク（IR）にアプローチする。

　　リスク・マネジメント及び内部統制の場合は、事業リスクの現実化を抑制するために、重大な潜在リスク（固有リスク）にアプローチする。

② 　監査においては、内部統制が効かない重大な統制リスクを重点的に検証して発見リスクを低い水準に抑制することにより、監査リスクを低い水準に抑制するために、統制リスク（CR）にアプローチする。

　監査の場合は、監査リスクの現実化を抑制するために、**発見リスクの高い統制リスクにアプローチする**。

5　監査リスク・ベースの監査とは

　監査リスク・ベースの監査は、1980年代に、米国の公認会計士により、精査から試査に移行した財務諸表監査において監査リスク（重要な誤謬及び虚偽表示を発見できないリスク）を低い水準に抑えることを目的に、分析的手続とともに開発された監査手法であり、米国では**監査リスク・ベースの監査**と呼ばれていたが、日本では**リスク・アプローチの監査**として紹介された。

　このために、「リスクの高い監査先を優先して頻繁に監査する手法がリスク・アプローチの監査である」等の、潜在リスク（固有リスク）にアプローチするリスク・マネジメントの手法と混同している解説が見られる。

　最近では**リスク・ベースの監査**という用語も使用されてきているが、リスク・アプローチの監査と同様に固有リスクに着目する監査であり、監査リスク・ベースの監査とは異なるものである。

　リスク・マネジメントの対象が潜在リスク（固有リスク）であるのに対して、監査の対象は固有リスク（潜在リスク）にコントロールを実施しても残る統制リスク（残余リスク）であり、リスク・マネジメントと監査ではその対象と手続に大きな違いがある。

6　監査リスク・ベースの監査の論理

監査リスク・ベースの監査の論理は、以下の通りである。

① 監査リスク（適切な監査意見を陳述できないリスク）を低い水準に抑えるためには、発見リスクを低い水準に抑えなければならない。

② 発見リスクを低い水準に抑えるためには、統制リスクを低い水準に抑えなければならない。

③ 統制リスクを低い水準に抑えるためには、強力な内部統制が必要であるが、監査人にとって所与の（操作できない）ものである。

④ 固有リスクが低ければ内部統制が弱くても統制リスクを低い水準に抑えることができるが、監査人にとって所与のものである。

⑤ 因って、監査で重点的に検証すべき監査対象は、外部監査では虚偽表示を看過する統制リスクが高い固有リスク、内部監査では事業体に金銭的・評判的打撃を与える統制リスクが高い固有リスクである。

⑥ 要するに、監査リスク・ベースの監査は、監査資源（人員・時間・情報・費用）を有効に配分し、統制リスクが高い固有リスクについて重点的に検証し、統制リスクが低い固有リスクについて簡略的に検証することによって、監査リスクを合理的に低い水準に抑える効率的・効果的監査の手法である。

7　それ以前の監査と監査リスク・ベースの監査の違い

　監査リスク・ベースの監査手法とは、既述の通り、1980年代に米国の公認会計士によって開発された、監査リスクを合理的に低い水準に抑制することを目的とする監査手法である。

　それ以前の米国における財務諸表監査の手法は、画一的なサンプル・テストを主体とするものであった。

　日本における財務諸表監査の手法も、総ての拠点を廻り、総ての監査対象及び監査項目等を網羅的・画一的に点検するものであり、異常点の発見は、監査人の経験及び勘に依存するものであった。

　しかしながら、重要な虚偽の表示が含まれている可能性の高い部分と低い部分を画一的に点検する手法は、重要な虚偽の表示が含まれているにも拘わらず、それを看過して誤った監査意見を表明する監査リスクが高まる。

　監査リスク・ベースの監査手法は、このような監査リスクを合理的に低い水準に（許容可能な一定水準以下に）抑制することを目的に、固有リスクと統制リスクを評価することにより、会社の内部統制の網の目を擦り抜ける虚偽の表示がどの部分にどの程度あるかを推定し、それらの発見に有効な監査手続を実施しようとするものである。

8　内部監査における監査リスクの発生原因

　内部監査における監査リスクは、監査組織責任者等による監査計画の不適切な作成及び監査人による個別監査の不適切な実施の両方によって発生する。

(1) 監査戦略上の誤り

監査戦略上の誤りとは、監査組織責任者等による、監査計画作成上の誤りであり、以下に起因する。

* ＊難易度及び監査リスクが高い監査を実施する際の、実務経験が浅く監査技能の劣る監査人等の任命
* ＊時間的に無理がある監査期間の設定
* ＊不適当な監査実施時期の設定
* ＊不適当又は不十分な指導

(2) 監査手続上の誤り

監査手続上の誤りとは、監査人による、個別監査実施上の誤りであり、以下に起因する。

* ＊不十分な予備調査の実施
* ＊検証における誤謬、手抜、怠慢、思込、勘違い
* ＊不十分な監査証拠の収集
* ＊不合理な監査意見の形成

監査リスク・ベースの内部監査とは、予備調査を遺漏なく十分に実施して、監査先に相応の、監査目標に適合した（内部監査の実効を伴なう）監査要点の設定（重点的検証事項の絞込）により内部監査を効率的かつ効果的に実施する監査手法である。

監査リスク・ベースの内部監査の概要

1 監査リスク・ベースの内部監査の基本

　真に実効を伴なう内部監査を実施するためには、当該個別監査を担当する内部監査人は、監査先の業務目標の達成、事業の継続、当該組織の存続等の支援という内部監査組織の監査目的に適合した当該個別監査の監査目標を設定しなければならない。

　監査目標を達成するためには、監査先の業務目標の達成、事業の継続、当該組織の存続等を阻害する重大な固有リスク（既にかかっている病気又は未病＝病気に向かっているが自覚症状のない状態）を発見するのに適切な監査要点を設定しなければならない。

　適切な監査要点を効率的に設定するためには、監査リスク・ベースの内部監査を実施しなければならない。

　監査リスク・ベースの内部監査とは、固有リスクが現実化する蓋然性及びその現実化により発生する損失の影響の程度、固有リスクに対する内部統制の有効性の程度、内部統制を擦り抜ける統制リスクの程度、の３要素を検討及び評価し、統制リスクが高いと判断した領域及び項目を重点的に検証する監査の取組手法である。

　これは、監査人、時間、情報、費用等の監査資源の有効配分により、監査リスクを合理的に低い水準に抑える内部監査を効率的かつ効果的に実施する、監査の取組手法又は実施方法でもある。

①　組織責任者は、監査計画の作成において、難易度及び監査リスクの高い個別監査を熟練の監査人に割り当てる。

②　監査人は、個別監査の実施において、統制リスク（⇒発見リスク⇒監査リスク）の高い領域及び事項を重点的に検証する。

2　監査リスク・ベースの内部監査計画の作成

監査組織責任者は、以下の要領で、内部監査計画を作成する。

①　総ての監査先組織の、重要度、固有リスク、業容等を勘案して個別監査の難易度の順位づけを行ない、熟練の監査人に難易度の高い個別監査及び監査リスクの高い個別監査を割り当てる。

[1]　組織の重要度
総資産額、経常損益額、累積損益額、社内情報を基に把握する。

[2]　組織の固有リスク
与信額、投資額、融資額、保証額、事業の概要を基に把握する。
与信額、投資額、融資額、保証額を、一括して、リスク・マネーと言う。
リスク・アプローチの監査＝重大な固有リスクにアプローチする監査との誤った解説で使用される「重大なリスク」とは、これを意味している。

[3]　組織の業容
見越極度額、在庫金額、事業投資先数を基に把握する。
見越極度額とは、買契約又は売契約だけの、片建取引の限度額を言う。

[4]　監査の難易度

組織の重要度、統制リスク、業容等を勘案して把握する。

② 親子間の損益及び資産の貸借等を考慮して、自社内の組織及びその監督下の子会社について、同一年度中に統合的監査を実施する。

③ 統合的監査においては、監査実施責任者を同一の監査人に固定し、監査の有効性及び効率性を高める。

3　監査リスク・ベースの個別内部監査の実施

監査人は、以下の要領で、個別監査を実施する。

① 予備調査において、事業体に金銭的・評判的打撃を与える可能性が高い重大な固有リスク、内部統制の有効性、統制リスクの程度を評価して、発見リスク（監査で看過するリスク）の水準を推定する。
　統制リスクが高いと判断した固有リスク（監査対象）について監査要点を設定し（ネガティブな仮説に纏め）、発見リスクを低い水準に抑えるための監査手続を組み立てて、監査実施手順書に纏める。

② 実地監査において、監査要点の当否を重点的に検証し、その当否を立証する監査証拠を入手する。

③ 監査証拠の証拠力の十分性、監査意見の合理性及び客観性について検証し、監査リスクを低い水準に抑える。
　監査人だけでなく、監査組織責任者等も、入念に吟味する。

第2章

内部監査の基本的手続

　内部監査の業務は、予備調査、本格監査、意見表明の3つの段階に大別される。

　予備調査の業務は、本格監査を有効かつ効率的に実施するために行なう（その事前準備としての）調査であり、関連書類の閲覧に始まり、監査予備調書の完成をもって終了する。

　本格監査の業務は、実地監査（現場監査）に始まり、監査調書の完成をもって終了する。

　意見表明の業務は、監査先責任者に送付する監査結果通知書の作成に始まり、最高経営執行者に提出する監査報告書の提出をもって終了する。

基本的手続の概要

1　内部監査業務の３つの段階

内部監査の業務は、大まかに次の３つの段階に区分される。

[1]　予備調査の業務
　　(1)　予備調査の実施
　　(2)　監査実施手順書の作成
　　(3)　監査予備調書の作成＝予備調査の終了

[2]　本格監査の業務
　　(1)　実地監査の実施
　　(2)　監査調書の作成＝本格監査の終了

[3]　意見表明の業務
　　(1)　監査結果の通知及び報告
　　(2)　回答書の入手及び検討
　　(3)　フォロー・アップの実施＝個別内部監査の終了

　内部監査の業務は、監査意見に対する監査先の対応措置の実施による監査意見（監査でその存在を確認した異常な事態の抜本的解消のための施策の提言）の実現を確認するフォロー・アップをもって終了する。

2 内部監査業務の３つの段階の概要

現代の実践的内部監査の業務の概要は、以下の通りである。

(1) 予備調査の業務

予備調査の業務は、実地監査を効率的かつ効果的に実施するために、その事前準備として行なう机上調査又は書面調査であり、内部監査組織責任者による監査先毎の監査実施担当者の任命に基づき、入手した関連書類の閲覧に始まり、監査予備調書の完成をもって終了する。

実効を上げる有益な監査意見を提供できるかどうかは、指摘及び提言すべき異常な事態を予備調査において効率的かつ漏らさず発見できるかどうかにかかっている。内部監査の成否は予備調査のでき次第であると言っても過言ではない。

予備調査の業務の概要は、次の通りである。

[1] 事前的予備調査の実施
　(1) 手持資料の閲覧による監査先の概要把握
　(2) 監査業務計画書の作成
　(3) 監査先の監査受入責任者との連絡
　(4) 監査実施通知書の作成及び送付
　(5) 監査先及び関係部署からの資料及び情報の入手
[2] 本格的予備調査の実施

(1) 資料及び情報の調査による疑問及び懸念の感知
(2) リスク及び内部統制の暫定評価
- 固有リスクの水準の暫定評価
- 内部統制の有効性の暫定評価
- 統制リスクの水準の暫定評価
- 発見リスクの水準の暫定評価

[3] 監査目標の設定
[4] 監査要点の設定
[5] 監査範囲及び／又は監査項目の設定
[6] 監査技術及び手続の選択並びにその適用範囲及び時期の決定
[7] 往査日程通知書の作成及び送付
[8] 監査実施手順書の作成
[9] 監査予備調書の作成及び部長承認の取得＝予備調査の終了
[10] 往査事前説明会の開催

往査事前説明会においては、監査実施責任者及び担当者が、内部監査組織の責任者及び上位者等に対し、監査予備調書を使用して、以下を説明する。

＊予備調査の結果の概要
＊発見した重要事項及び懸念事項
＊設定した監査要点及びその検証方法
＊往査の実施場所及び日程

内部監査組織の責任者及び上位者等は、以下を確認する。

＊予備調査の適切性（有効性、効率性、妥当性）
＊監査実施手順書（特に、往査実施要領）の適切性

[11] 監査先主管者との往査事前面談の実施

監査先主管者とは、以下の者を意味する。

＊監査先が社内組織の場合：当該部門を統括する本部長又は業務担当役員

＊監査先が子会社等の場合：当該会社の管理を統括する主管部署の部長

監査先主管者との往査事前面談を実施する目的は、以下にある。

＊監査先の組織、業務、内部統制に関する懸念事項等の聴取

＊監査先責任者による監査意見への適切対応のための監督の依頼

(2) 本格監査の業務

本格監査の業務は、実地監査に始まり、監査調書の完成をもって終了する。

実地監査終了後も、実地監査で検証した事項及び発見した事項の確認及び監査証拠との照合、意見形成等の本格監査の業務は継続する。

本格監査の業務の概要は、次の通りである。

[1]　実地監査の実施
　(1)　監査先責任者との面談による実地監査の開始
　(2)　監査先の責任者及び担当者との個別面談による監査要点、疑問、懸念事項等の聴取及び証拠（裏付資料等）の入手
　(3)　監査技術及び手続の適用による事実の確認及び証拠の入手
　　・監査要点並びに監査範囲及び／又は監査項目の重点的検証
　　・異常な事態をもたらした原因の究明及び特定
　　・監査意見を立証する監査証拠の入手
[2]　暫定的監査意見の形成
[3]　監査先責任者等との面談による暫定的監査意見の開示及び確認
　　＝実地監査の終了
[4]　反面調査及び監査証拠との照合による事実の確認

［5］　監査意見の検討及び確定
［6］　監査調書の作成及び部長承認の取得＝本格監査の終了
［7］　監査先主管者への監査結果概要の説明
［8］　監査概要報告会の開催

　監査概要報告会は、内部監査組織の責任者及び上位者等が監査（往査だけでなく本格監査全体）の有効性及び監査リスクの程度を確認するために実施するものである。

　内部監査組織の責任者は、問題がないと判断した場合は、監査調書の作成を認める。監査が不十分である、監査意見が合理的でない、監査証拠が不十分である、監査リスクが高いと判断した場合は、監査の継続を命じる。

（3）　意見表明の業務

　意見表明の業務は、監査先責任者宛監査結果通知書の作成に始まり、フォロー・アップの実施による監査の実効の確認をもって終了する。

　意見表明の業務の概要は、次の通りである。

［1］　監査結果通知書の作成、部長承認の取得、送付
［2］　監査報告書の作成、部長承認の取得、送付＝意見表明の終了
［3］　回答書の入手及び検討
［4］　フォロー・アップの実施＝個別内部監査の終了

　内部監査業務は、監査先が監査意見を実現したことを確認するまで継続しなければならないので、監査先からの回答書の入手及び記載事項（対応措置）の適切性の検討並びに回答書に記載された対応措置の実施又は実現について確認するためのフォロー・アップを意見表明の段階に付け加えた。

3　内部監査業務の３つの段階の要点

内部監査業務の３つの段階は、刑事の業務と対比するとわかりやすい。

(1)　予備調査の業務が捜査に相当

　刑事は、地道な捜査を積み重ね、犯人の潜伏場所を突き止めてから、その逮捕に赴く。不十分な捜査及び短絡的思込は誤認逮捕のリスクを高める。
　内部監査人は、予備調査を網羅的かつ遺漏なく実施して、有益な監査意見の基礎となる異常な事態の検証及び確認を効率的かつ効果的に実施するために適切な監査要点を設定しておかなければならない。これが、犯人（指摘及び提言事項）の潜伏場所（監査対象）の特定に相当する。

(2)　実地監査の業務が犯人の逮捕及び証拠の確保に相当

　刑事は、被疑者を逮捕するとともに犯罪を立証するのに十分な物的証拠を確保する。
　内部監査人も、実地において指摘及び提言すべき異常な事態の存在を確認するとともに指摘及び提言（監査意見）の合理性及び客観性を立証するのに十分な裏付資料（監査証拠）を確保しなければならない。

(3)　意見表明の業務が証拠固めによる送検に相当する

　刑事は、犯人を逮捕しても十分な証拠を確保していなければ立件できないので、送検の前に、証拠固めと証拠力の検討を遺漏なく行なう。

内部監査人も、意見表明の前に、監査意見を監査証拠と照合し、監査意見の合理性及び客観性を立証する監査証拠の証拠力の十分性を慎重に検討しなければならない。

　以上の基本的手続の３つの段階を要約すると、以下の通りである。

　①　予備調査は、異常な事態の発見に繋がる監査対象、監査範囲、監査要点、監査項目等を絞り込むために実施するものであり、網羅的かつ遺漏のない予備調査が監査の実効を上げる要件である。

　②　実地監査は、予備調査を行なって絞り込んだ監査対象、監査範囲、監査要点、監査項目（特に、監査要点の当否）の検証及び監査証拠の確保のために行なうものであり、適切な監査証拠の確保が監査意見の合理性を左右する。実地監査後の本格監査は、合理的監査意見の形成及び証拠固めのために行なうものであり、監査意見の合理性の検討が監査リスク抑制の可否を左右する。

　③　意見表明に際しては、内部監査人は、暫定的監査意見と証拠資料の照合により、事実誤認の有無及び証拠力を検討し、監査リスクを低い水準に抑えなければならない。内部監査組織の責任者及び上位者は、監査人の暫定的監査意見、証拠資料の点検、監査意見の添削により、監査リスクを合理的に低い水準に抑えなければならない。

基本的手続の詳細

1 予備調査の業務

(1) 事前的予備調査の実施

担当を任された監査先について、事前的予備調査を実施する。

事前的予備調査は、手持資料を基に、監査先組織の沿革及び現状の把握並びに監査要点の設定等に必要な資料の事前送付依頼を兼ねた、監査実施通知書の作成を主目的とし、監査先等から必要な資料を入手する（本格的予備調査への切替）まで行なう書面調査である。

[1] 手持資料の閲覧による監査先の概要把握

事前的予備調査は、次の目的で実施する。
＊監査先に対する監査実施通知書の作成
＊監査実施通知書で監査先に送付を依頼する本格的予備調査に必要な資料の選定
＊これらのために必要な監査先の概要の把握

事前的予備調査は、次の要領で実施する。
＊前回の監査調書及び直近の自己点検結果等の手持資料を閲覧して、監査先組織の名称、所在地、代表者、沿革、業種、業態、業容、業績、内在している固有リスクの種類及び規模、内部統制の態勢の有効性を暫定的に把握する。

＊監査先組織の管理部署等に照会して、前回監査実施後の当該組織の変貌の有無（及び変貌の概要）を把握する。

[2]　監査業務計画書の作成

個別監査の大まかな手順と日程を、監査業務計画書に纏める。

監査業務計画書は、次の目的で作成する。
＊個別監査の効率的かつ効果的実施
＊個別監査の進捗状況の点検

監査業務計画書は、次の要領で作成する。
＊事前的予備調査による監査先組織の概要把握結果を基に、監査業務計画書を作成する。
＊監査業務計画書は、個別監査業務について、その目標、実施時期、範囲、監査資源（監査人、時間、情報、費用等）の配分を内容とした計画書であり、大まかな日程を組み、徐々に詳細に仕上げて、適当な時点で後述する監査実施手順書に変換する。

監査業務計画書の記載項目は、次の通りである。
＊監査先の名称及び責任者の氏名
＊監査実施責任者及び担当者の氏名
＊監査期間（×年×月～×年×月）
＊往査日程（×年×月×旬～×旬）
＊監査目標
＊監査範囲及び／又は監査項目
＊監査費用（予算）

事前的予備調査の段階で設定する監査目標及び監査範囲は、本格的予備調査の実施過程で修正又は変更もあり得る。

監査目標及び範囲は、例えば、次の事項を考慮して、暫定的に設定する。
　＊業務の有効化・効率化、利益の拡大、損失の予防・低減の支援
　＊経営方針・戦略の実現、経営計画・重点施策の達成の支援
　＊内部統制（中でも、リスク・マネジメント、コンプライアンス）の体制／態勢の整備・向上の支援
　＊子会社等に対するコーポレート・ガバナンスの体制／態勢の整備・向上の支援
　＊子会社等の管理の体制／態勢の整備・向上の支援
　＊業務に関する記録の整備・向上の支援
　＊会社資産の保全の支援
　＊情報及び情報システムの保全の支援
　＊地球環境の保全の支援
　＊資源有効活用の支援
　＊前回監査の指摘・提言に対する回答の履行状況の点検・確認
　＊不祥事等の再発防止策の実効性の点検及び確認

監査日程は、例えば、次の事項を勘案して暫定的に設定する。
　＊監査先の都合
　＊監査実施通知書原稿の提出
　＊監査実施通知書の完成・出状
　＊監査予備調書の提出
　＊往査事前説明会の開催

* 監査先主管者との面談（実地監査開始前）
* 監査先責任者との面談（実地監査開始時）
* 往査期間
* 監査先責任者との面談（実地監査終了時）
* 監査先主管者との面談（実地監査終了後）
* 監査概要報告書の提出
* 監査概要報告会の開催
* 監査調書原稿の提出
* 監査調書の完成
* 監査結果通知書原稿の提出
* 監査結果通知書原稿の事実誤認の有無の照会
* 監査結果通知書の完成・出状
* 監査報告書原稿の提出
* 監査報告書の完成・提出
* 監査結果通知書に対する回答書原稿の受領（回答内容の点検）
* 監査結果通知書に対する回答書の受領
* 回答書検討会の開催
* フォロー・アップの実施
* 保管書類のファイル

往査件数は、例えば、次の事項を勘案して暫定的に設定する。
* 監査先が社内組織の場合、その子会社、商品保管場所等への往査の要否
* 監査先が社外組織の場合、その本社以外の拠点（工場、支社、支店、営業所、販売店、倉庫）、子会社、販売先、仕入先、営業倉庫等への往査の要否

往査日程は、例えば、次の事項を勘案して暫定的に設定する。
＊往査件数、往査先の所在地
＊往査先毎の面談者数、面談内容、所要時間
＊往査の所要日数
＊予備日

監査費用は、例えば、次の事項を勘案して概算する。
＊旅費
＊交通費
＊宿泊費
＊出張日当
＊公認会計士への報酬（面談費用）
＊税理士への報酬（面談費用）
＊弁護士への報酬（面談費用）
＊関係者との面談に使用する部屋の使用料等
＊通訳等への報酬（面談費用）
＊資料等の翻訳費用
＊資料等の購入費用
＊コピー等の作成費用

[3]　監査先の監査受入責任者との連絡

監査業務計画を基に監査先と連絡を取り、監査実施上の障害の有無及び適当な往査実施時期を確認し、監査受入責任者を決めて貰う。

[4]　監査実施通知書の作成及び送付

監査実施通知書及び資料送付依頼書を作成して監査先に送付する。

監査実施通知書は、監査先責任者に対して、監査の実施、監査実施担当者の氏名、監査の実施範囲、実地監査の実施予定時期等を通知し、監査への協力及び予備調査に必要な資料の送付を要請する、内部監査組織の責任者（以下、監査組織責任者と略す）の書信である。

監査実施通知書は、次の目的で作成する。
＊内部監査を実施する旨の通知
＊必要な資料の事前送付の依頼

監査実施通知書の記載項目は、次の通りである。
＊監査実施責任者及び担当者の氏名
＊監査範囲
＊監査期間（×年×月～×年×月）
＊往査日程（×年×月×旬～×旬）
＊送付依頼資料及びその送付期限
　　送付依頼資料については、予め内部監査組織としての汎用的リストを作成しておき、この中から監査先に相応のものを抽出して添付する。

監査実施通知書は、抜打で実施する場合を除き、予め監査先の監査受入責任者と監査実施上の障害がないことを確かめて作成する。
監査実施通知書に資料送付依頼書（本格的予備調査の実施に必要な文書及び記録等必要資料のリストを記載又は別紙として添付）して、監査先責任者に送付する。
監査実施通知書に記載する内容及び日程は、大まかなものでよい。
実地監査の実施場所及び日程、面談の対象者及び時間割等の詳細については、後日、往査日程通知書で通知する。

[5]　監査先及び関係部署からの資料及び情報の入手

　監査先及び関係部署から、本格的予備調査の実施に必要な資料及び情報を入手する。

(2)　本格的予備調査の実施

　本格的予備調査は、実地監査から意見形成に至る本格監査の業務を監査リスク・ベースの監査手法で効率的かつ効果的に実施するために行なう、実地監査の事前準備である。

　本格的予備調査は、入手資料及び情報の閲覧、数値の加工、分析、突合、比較、評価、確認等によって行なう。

　本格的予備調査は、次の目的で実施する。
　＊監査先の組織及び業務等の概要の把握
- 社内組織又は子会社の沿革
    - 設置又は設立の経緯
    - 業務又は事業の目的
    - 業務又は事業の実績の推移
- 所属員構成
- 組織構成と付与権限
    　全般的内部統制の有効性の確認のため
- 主要業務
    　利益の源泉及び重大なリスクの把握のため
- 業績推移
    　継続企業としての存続能力の十分性の確認のため
- 経営方針
    　会社と監査先の経営方針の整合性の確認のため

- 中期経営計画
    - 経営方針との整合性の確認のため
- 重点施策
    - 中期経営計画との整合性の確認のため
- 稟議案件
    - 中期経営計画との整合性の確認のため
- 重要契約
    - 中期経営計画との整合性の確認のため
- 訴訟事案
    - 見通しの把握、原因の把握、再発防止策の有効性の検討のため
- 不祥事案
    - 原因の把握、再発防止策の有効性の検討のため

*重大な固有リスクの把握
- ビジネス・リスク
    - 投資、融資、保証、見越、在庫、売掛、前払等
    - 新規事業
- コンプライアンス・リスク
    - 法律、規則、業界協定、社内の規程・基準・コンプライアンス・ガイドライン等に違反する行為

*全般的内部統制の有効性の暫定的評価
- 日常的モニタリングの有効性
- リスク・コントロールの有効性

*重大な統制リスクの把握及び暫定的評価
- 経営目標の達成を阻害するリスク
- リスク・マネジメントの不備等の損失をもたらすリスク
- 不祥事及び違法行為等の社会的信用の喪失をもたらすリスク

＊指摘及び提言すべき異常な事態の感知
＊実施する当該個別監査の監査目標の設定
  ・指摘及び提言しようとする事柄
＊実地監査で重点的に検証する監査要点の設定
  ・指摘及び提言しようとする異常な事態の存在を確かめるための、ネガティブな事態を想定した仮説
＊実地監査の実施に必要な業務量及び手続の検討
＊監査要点等の検証の方法、手続、日程等の選定
＊検証に使用するワーク・シート、チェック・リスト、アンケート、質問書等の作成
＊監査実施手順書の作成
＊往査日程通知書の作成
＊監査費用の見積

　監査費用については、[1-2]　監査業務計画書の作成を参照。

　本格的予備調査の目的は、監査先の組織及び業務等の概要の把握、重大な固有リスクの把握、内部統制の有効性の暫定的評価にある。
　早い段階で調査範囲を絞り込むと監査リスクを抱えてしまうので、網羅的に行ない、徐々に重要な監査対象を絞り込んでいく。

[1]　資料及び情報の調査による疑問及び懸念の感知

　監査先及び関係部署から入手した任務、権限、計画、予算、実績、契約、受渡、決済、限度、極度、申立、報告、会計帳簿等の記録及び関連書類の閲覧、財務諸表の数値の点検、加工、分析、突合、比較、評価、確認等により、組織、業務、内部統制の現状に対する疑問及び懸念（固有リスク）を感知する。

[2] リスク及び内部統制の暫定評価

　組織、業務、内部統制の現状に対する疑問及び懸念を感知した監査対象を更に掘り下げて調査し、監査先の事業計画の達成、事業の継続、組織の存続等を阻害する（特に、金銭的及び評判的損失をもたらす）要因を持つ重大な固有リスク（業務上のムリ、ムラ、ムダ、未対処の重大なリスク、誤謬、違反、不正等の異常な事態）を特定し、それに対する全般的内部統制の有効性を暫定評価する。

　内部統制の不備によって固有リスクが現実化する可能性及び現実化した場合の損失の度合並びに内部統制の有効性を勘案して、（通常の監査手続では看過する）発見リスクの水準を暫定的に把握する。

　第4章のⅠ　監査リスク・ベースの内部監査の実施要領を参照。

(3)　監査目標の設定

　固有リスクと統制リスクを勘案して、監査意見として指摘及び提言すべき事項の心象を形成し、具体的監査目標として設定する。

　監査先の組織及び業務に関する資料の閲覧（批判的吟味）、数値の分析、突合、比較等を行なうと監査先の組織及び業務に異常な事態が発生しているのではないか、未対処の重大なリスクが存在しているのではないか、という疑問及び懸念が浮かんでくる。

　監査目標は、斯かる疑問及び懸念を検証し、事実であればそれらの異常な事態の抜本的解消に有効な施策を提言して実現させようとするものであり、監査先毎に異なるものである。

(4)　監査要点の設定

　統制リスクの水準が高いと判断した重大な固有リスクを実地監査で重点的に検証する監査要点として設定する。

監査要点は、監査目標を達成するために、予備調査で感知した疑問及び懸念について、実地監査における重点的検証事項として設定するものであり、監査先毎に異なるものである。

監査要点については、監査実施責任者及び担当者（以下、監査人と略す）の間に認識の相違があってはならないので、監査項目（監査の対象項目）を羅列するのでなく、文章で具体的に纏める。

監査要点は、疑問及び懸念を具体的仮説として纏めることによって異常な事態の概要、そのまま放置すると発生するであろう損失、その規模等が明確になり、その当否の検証も容易となる。

(5) 監査範囲及び／又は監査項目の設定

監査要点として設定する必要はないが、本格的予備調査で把握した監査先の業務の現状から判断して、実地監査で当然に検証すべき監査範囲（監査の対象範囲）及び／又は監査項目を設定する。

(6) 監査技術及び手続の選択並びにその適用範囲及び時期の決定

実地監査における監査要点の当否の検証、監査範囲及び監査項目の点検、監査証拠の入手のために適用すべき監査技術及び手続について目的適合性（目的の実現に適ったものかどうか）を検討して選択し、その適用範囲及び適用時期を決定する。

(7) 往査日程通知書の作成及び送付

往査日程通知書を作成して監査先に送付する。

往査日程通知書は、次の目的で作成する。

＊往査の場所及び日程の通知（⇒確認）

＊往査の相手、場所、時間の通知（⇒確認）

検証すべき監査要点並びに点検すべき監査範囲及び監査項目を勘案して、往査（実地監査）の場所及び日程を選定する。

　監査先の監査受入責任者と必要な調整を行なって実地監査の場所及び日程、面談時間等を決定し、往査日程通知書（監査実施責任者の書信）で、監査先責任者に通知する。

(8)　監査実施手順書の作成

　発見リスク（監査先の組織及び業務等に潜在している異常な事態を監査で看過するリスク）の水準を勘案して、その防止（異常な事態の発見）のために有効な監査手続（実地監査の段取）を組み立て、監査実施手順書（監査プログラム）を作成する。

　監査実施手順書は、実地監査の効率的・効果的実施のために、実地監査で実施する監査手続（検証項目、往査場所、適用する監査技術、実施手順、面談相手等）を詳細に纏めたプログラムであり、監査手続の進捗状況の確認にも使用する。

監査実施手順書は、以下の目的で作成する。
＊個別監査の効率的かつ効果的実施
＊個別監査の進捗状況の点検
＊監査手続の実施時期、具体的内容、実施要領等の記載
　・監査目標
　・監査範囲及び／又は監査項目
　・監査要点
　・往査の場所及び日程
　・面談の相手及び所要時間
　・監査費用

監査実施手順書は、本格的予備調査に基づき、次の事項を監査業務計画書に加筆して、徐々に詳細に亙る時間割に仕上げていき、適当な時点で、監査実施手順書に変換する。
* 往査日程（×年×月×旬～×旬）
* 監査目標
* 監査範囲及び／又は監査項目
* 監査要点
* 監査費用（予算／実績）

(9)　監査予備調書の作成及び提出＝予備調査の終了

監査予備調書を作成し、監査組織責任者の承認を得る。

監査予備調書は、次の目的で作成する。
* 実施した予備調査の顛末及び監査目標等の詳細記録
* 実地監査の実施に係る監査組織責任者の承認を得るための報告
* 監査組織責任者等による予備調査の適切性・十分性の点検
* 正当な注意を払って予備調査を適切に実施したことの証明

監査予備調書には、次の事項を記載する。
* 監査先の名称及び責任者の氏名
* 監査実施責任者及び担当者の氏名
* 監査期間（×年×月～×年×月）
* 監査先の組織及びその業務
* 監査目標、監査範囲及び／又は監査項目
* 監査要点
* 監査要点を設定した事由、疑問、懸念等

＊検証のために適用する監査技術及び監査手続
　　＊往査の場所、日程、手続
　　　・往査の場所及び日程
　　　・面談の相手及び所要時間
　　　・面談で質問及び確認すべき事項
　　　・実地監査で入手すべき監査証拠（記録、資料、情報等）
　　＊監査費用（予算）

　実地監査で重点的に検証するために設定した監査要点については、何を根拠に、どのような事態を懸念し、どのように（どのような監査技術及び監査手続を選択及び適用して）検証し、どのような監査証拠を入手し、どのような監査意見（指摘及び提言）を形成しようと考えているのか等を詳細に記載する。
　監査要点として具体的な仮説に纏めるほど重要ではないと判断した点検事項は、監査範囲及び／又は監査項目として設定する。
　費用については、最初は（又は監査業務計画書の段階では）予算を記載し、確定した時点で実績を記載する。

　監査予備調書は、監査リスクを抑制する目的で監査組織責任者及び上位者等（以下、監査組織責任者等と略す）が点検するために必要な文書であり、かつ監査人が正当な注意を払って予備調査を適切に実施したことを証明する重要な文書である。

（10）　往査事前説明会の開催
　往査事前説明会を実施する場合は、所定の日限までに監査予備調書及び監査実施手順書を監査組織責任者及び上位者等に提出する。

往査事前説明会は、次の目的で開催する。
* 事前に提出した監査予備調書及び監査実施手順書、感知した異常な事態、設定した監査目標、監査要点、監査項目、実施する監査手続に係る適切性・十分性の点検、必要な助言を受けるための説明
* 実地監査の実施に係る監査組織責任者の承認を得るための説明

2 本格監査の業務

(1) 実地監査の実施

監査実施手順書（監査プログラム）に従い、実地監査を実施する。

実地監査は、次の目的で実施する。
* 予備調査で抱いた疑問及び懸念の解明
* 予備調査で設定した監査要点の当否（異常な事態の存在）の確認
* 異常な事態の存在を立証する監査証拠の入手

実地監査は、次の要領で実施する。
* 思考を凝らし、多面的に視て、実態を把握し、事実を確認する。
* 業務の適否及び良否を評価する。
* 業務の有効性を評価する。
* 業績の趨勢を評価する。
* 監査証拠を入手して、異常な事態の有無を確認する。
* 監査証拠を入手して、異常な事態の原因を特定する。
* 全体最適の観点で暫定的監査意見を形成する。
* 内部監査部長等は、合理性・客観性・全体最適性を吟味して、監査意見を確定する。

[1]　監査先責任者との面談による、実地監査の開始
　　実地監査を円滑に実施するために、監査組織責任者と担当監査人が監査先責任者等と面談して、監査の目的、日程、手続等の説明、監査業務への協力及び監査意見に対する措置等を記載した回答書の提出の要請、重要事項についての聴取等を行なう。

[2]　組織の責任者及び担当者との個別面談による監査要点、疑問、
　　懸念事項等の聴取及び証拠（裏付資料等）の入手
　　監査人が、組織の責任者及び担当者と個別に面談して、監査要点、疑問、懸念事項等について質問し、面談相手から回答を貰い、回答の裏付資料を入手し、回答内容が事実かどうかを確認する。
　　事実確認は、必ず監査証拠との照合をもって行なう。

[3]　監査技術及び手続の適用による事実の確認及び証拠の入手
　　重要な資産勘定の実査、現場の視察、帳簿、記録、文書等の検証によって、予備調査で設定した監査要点の当否の確認並びに予備調査で抱いた疑問及び懸念の解明を行ない、異常な事態をもたらした原因を究明し、監査意見の合理性を立証する監査証拠を入手する。
　　監査要点の当否の確認は、監査証拠との照合によって行なう。

(2)　暫定的監査意見の形成
　　実地監査で確認した事項及び入手した監査証拠等を基に、監査先に内在している異常な事態及び内部統制の不備等の指摘並びにそれらの抜本的解消に有効な施策を検討して、暫定的監査意見を形成する。
　　指摘及び提言の可否判断は、当該事項を立証する監査証拠の入手によって行なう。

＊異常な事態の存在を立証する監査証拠を入手した場合は、指摘及び提言する。
＊異常な事態の存在を否定する証拠を入手した場合は、指摘及び提言しない。
＊異常な事態の存在を立証する監査証拠を入手できない場合は、指摘及び提言できない。

　異常な事態の存在を立証する監査証拠を入手できなければ指摘及び提言できないことを原則とするが、例外的に、異常な事態が存在又は発生する疑いが濃厚で断念できない場合に限り、「懸念事項」として記述する方法もあるが、これは、関係部署によるモニタリングを喚起するための例外的措置であり、乱発しないよう留意する必要がある。

(3)　監査先責任者との面談による、暫定的監査意見の開示及び確認＝実地監査の終了
　監査人が、監査先責任者等と面談して、実地監査の結果の概要及び暫定的監査意見を説明し、質疑応答を行ない、納得を得た上で、実地監査を終了する。

(4)　反面調査及び監査証拠との照合による事実の確認
　実地監査で確認できなかった事項を、関係先に対する照会及びその他の資料との照合により、確認する。

(5)　監査概要報告会の開催
　監査概要報告会を実施する場合は、「監査概要報告書」を作成し、所定の日限までに、監査組織の責任者及び上位者等に提出する。

監査概要報告会は、次の目的で開催する。
＊実施した実地監査、形成した暫定的監査意見、入手した監査証拠の適切性と証拠力の十分性の点検、必要な助言を得るための説明
＊監査調書の作成に係る監査組織責任者の承認を得るための説明

監査概要報告書には、次の事項を記載する。
＊監査先の名称及び責任者の氏名
＊監査実施責任者及び担当者の氏名
＊監査期間（×年×月～×年×月）
＊往査日程（×年×月×日～×年×月×日）
＊監査結果の概要
＊監査要点の検証結果
＊指示事項の検証結果
＊指摘及び提言事項
＊監査費用（実績）

(6) 監査意見の検討及び確定

　監査組織の責任者及び上位者等が、暫定的監査意見の適切性（全体最適のものかどうかを含む）及び監査証拠の証拠能力等を吟味して、内部監査組織としての監査意見を確定する。

　形成した暫定的監査意見の吟味は、次の観点で実施する。
　＊事実誤認（勘違い等）の有無
　＊監査意見と監査証拠の整合性
　＊監査証拠の証拠能力の十分性
　＊監査意見の合理性及び客観性

事実誤認に起因する誤った監査意見の表明又はその訂正及び撤回は監査リスクの現実化であるから、監査人は、監査意見の合理性を立証する有力な証拠資料を入手して誤認がないかどうかを入念に検討し、監査リスクを低い水準に抑えなければならない。
　監査組織責任者等は、監査概要報告書、監査調書、監査結果通知書、監査報告書等の点検及び添削を実施して、監査リスクを合理的に低い水準に抑えなければならない。

(7)　監査調書の作成、点検、完成＝本格監査の終了
　監査人が、予備調査及び実地監査の顛末並びに監査意見を監査調書として取り纏め、上位者の点検及び添削を受けて、完成する。

　監査調書は、次の目的で作成する。
　＊実施した内部監査の顛末及び監査要点の検証結果等の詳細記録
　　・監査先の組織、業務、内部統制の実情の明確化
　　・発見した異常な事態の明確化
　　・設定した監査要点、その検証方法、検証結果等の明確化
　　・監査意見形成過程の明確化
　＊監査結果通知書の作成について監査組織責任者の承認を得るため
　＊監査組織責任者等による内部監査の適切性・十分性の点検
　＊正当な注意を払って内部監査（受託業務）を適切に実施したことの証明

　監査調書には、次の事項を記載する。
　＊監査先の名称及び責任者の氏名
　＊監査実施責任者及び担当者の氏名

* 監査期間（×年×月～×年×月）
* 監査先の組織及びその業務
* 往査場所、往査日程
* 面談場所、面談時間、面談者
* 監査目標、監査範囲及び／又は監査項目
* 監査要点
* 監査要点を設定した事由、疑問、懸念等
* 検証のために適用した監査技術及び監査手続
* 実地監査で入手した監査証拠、その分析結果
* 監査要点等の検証結果及び監査意見
* 監査意見としての指摘及び提言
* 監査費用（実績）

　監査調書の記載で留意する事項は、検証業務の有効性、監査意見と監査証拠の整合性、監査意見の合理性及び客観性の明確化である。
　監査の顛末については、予備調査でどのような事態に疑念を持ち、実地監査でどのように検証し、どのように判断して、どのような監査意見を形成したのか等を詳細に記載する。
　指摘及び提言しない事項についても、同様に記載する。この記載を怠ると、検証した事項であっても、していないと看做されてしまう。

　監査組織の責任者及び上位者等は、監査意見と監査証拠の整合性の点検及び監査意見の添削を行ない、監査リスクを合理的に低い水準に抑える。
　監査概要報告会で監査人が報告した事項に事実誤認があり、それと異なる記載が為されている場合があるので注意を要する。

監査調書は、監査リスクを抑制する目的で監査組織責任者等が点検するために必要な文書であり、かつ監査人が正当な注意を払って内部監査を適切に実施したことを証明する重要な文書である。

3　意見表明の業務

(1)　監査結果通知書の作成、点検、完成、送付
　監査人が、当該個別監査の結果、監査意見、回答書の送付依頼等を監査結果通知書として取り纏め、監査組織責任者等の点検及び添削を受けて完成し、監査先責任者に送付する。

　監査結果通知書は、次の目的で作成する。
＊監査先責任者に対する内部監査結果の通知（監査意見の提供）
- 抜本的に解消すべき異常な事態の存在の指摘
  ◦ 異常な事態の発生原因及びその実情
- 異常な事態の抜本的解消に有効な施策の提言
  ◦ 理想ではなく実施可能な具体的施策

＊監査意見に対する監査先責任者の回答書の要請
- 具体的対応措置並びにその実施及び完了の時期

　最高経営執行者等に宛てた監査報告書の写を送付している内部監査組織も見られるが、監査意見の提供及びそれに対する措置の回答書の提出依頼は、監査先責任者に対して直接に行なうべきである。
　監査組織の責任者名で監査先責任者に宛てた文書で監査意見（指摘及び提言）を伝え、それに対する具体的措置を文書（回答書）に記載して返信して貰うことが肝要である。

監査結果通知書には、次の事項を記載する。
* 監査先の名称及び責任者の氏名
* 監査実施責任者及び担当者の氏名
* 監査期間（×年×月～×年×月）
* 往査場所、往査日程、面談者（詳細を別紙として添付別添）
* 監査結果の概要
* 監査結果の詳細
* 指摘及び提言

監査結果通知書は、実施した内部監査の顛末の総括であり、監査先責任者に本紙を、当該主管者及び関係部署等に写を送付して通知する重要な文書であるから、次の点検及び添削が必要である。
* 合理的かつ客観的意見であるかどうか
* 的外れの指摘及び提言をしていないかどうか
* 監査意見の論理構成、用語、用字、文章表現、文書の体裁が適切であるかどうか
* 誤字、脱漏、不明瞭・不適当な表現がないかどうか
* 項目別に、重要性、緊急性の順に記載しているかどうか
* 監査先責任者を納得させ得る表現となっているかどうか
* 重箱の隅を突っつくと揶揄されるような些末の（取るに足らない）事項を記載していないかどうか

監査結果通知書については、原稿の段階で監査先責任者に開示し、記載事項に事実誤認がないかどうかの確認をとる。
　同様に、回答書についても、記載事項の具体性及び時間軸の記載の有無を確認するために、原稿の段階で開示して貰うのがよい。

監査結果通知書において「指摘事項の外に重大な誤謬、不備、問題、未対処のリスクは発見されなかった」と明記しなくても「指摘事項の外に重大な誤謬、不備、問題、未対処のリスクは発見されなかった」という合理的保証を与えることになるので、注意を要する。

(2) 監査報告書の作成、点検、完成、送付＝意見表明の終了

　監査人が、個別監査の結果及び監査意見を監査報告書に取り纏め、監査組織責任者等の点検及び添削を受けて完成し、最高経営執行者に提出する。

　　監査報告書は、次の目的で作成する。
　　＊内部監査組織の受託職務についての報告義務の遂行
　　　・経営者の懸念事項及び関心事についての検証結果及び実態の確認結果の報告
　　＊経営者に対する経営判断、全般的内部統制の整備、財務報告に係る内部統制の評価、内部統制報告書の作成等に有用な情報の提供

　　監査報告書には、次の事項を記載する。
　　＊監査先の名称及び責任者の氏名
　　＊監査実施責任者及び担当者の氏名
　　＊監査期間（×年×月〜×年×月）
　　＊往査の場所及び日程（×年×月×日〜×年×月×日）
　　＊監査結果の概要
　　＊指摘及び提言の概要

　　報告書は、11ポイントのフォント・サイズで1頁に纏める。

監査人は、監査結果通知書記載事項の重要部分を凝縮して要約し、経営に及ぼす影響の大きいものに絞り、重要性の高い順に記載する。

　監査報告書は、実施した個別監査の概要及び結果について最高経営執行者に報告する文書であるから、正確性、簡潔性、明瞭性、品格性、適時性が求められる。

(3)　回答書の取付及びフォロー・アップ実施時期の設定

　所定の時期（例えば、監査結果通知書の発送日から起算して2週間以内）に、監査先の責任者から監査意見（異常な事態の抜本的解消策）への対処の具体策及び期限を明記した回答書を入手して、記載内容の妥当性及び実現の可能性等を検討し、フォロー・アップの実施時期を設定する。

(4)　フォロー・アップの実施

　回答書に記載された具体策が監査先によって実行され、実現したか（内部監査の実効を上げることができたか）どうかを確認するために、回答書に記載された所定の時期にそのフォロー・アップ（回答事項の履行状況の点検及び確認）を実施する。

　検証結果については、フォロー・アップ報告書に記載して監査組織責任者等に提出する。

　フォロー・アップとは、監査意見に対する回答事項を監査先が実現したかどうかを一定時点で確認する業務であり、監査先に回答事項を履行させるために追加的に実施するフォロー・アップ監査とは意味が異なるので、注意を要する。

　内部監査は、フォロー・アップによる実効の確認をもって終了する。

主要文書の書式

　次頁以降において以下の書式を例示するので、これらを参考に工夫を凝らして、自社に相応のものを作り出して戴きたい。

書式１　：監査業務計画書
書式２　：監査実施通知書
書式３　：往査日程通知書
書式４　：監査実施手順書（１頁目〜２頁目）
書式５　：監査予備調書（１頁目〜３頁目）
書式６　：監査概要報告書
書式７　：監査調書（１頁目〜３頁目）
書式８　：監査結果通知書（１頁目〜ｎ頁目）
書式９ａ：監査報告書
書式９ｂ：監査報告書

　用紙は、Ａ４サイズのものを使用する。
　フォントは、明朝体を基本とし、強調項目についてのみゴシック体を使用する。フォント・サイズは、11ポイントとする。
　尚、例示した書式のフォント・サイズ、文字数、記載場所は、上記の通りのものではない（実寸通りの縮小では読めなくなるため、文字数、行数、位置等を変えてある）ので、誤解しないで戴きたい。

書式１：監査業務計画書

×年×月×日

監査部長

監査実施責任者　㊞
監査実施担当者　㊞

監査業務計画書

１．監査先　：○○㈱
２．責任者　：○○（就任年月日）
３．監査期間：×年×月×日～×年×月×日
４．往査日程：×年×月×旬～×年×月×旬
５．監査目標：
 (1)
 (2)
６．監査範囲：
 (1)
 (2)
 (3)
 (4)
 (5)
７．監査費用：
 (1) 旅費
 (2) 交通費
 (3) 宿泊費
 (4) 出張日当
 (5) 公認会計士への報酬
 (6) 合計：××円（予算）

1/XX

書式2：監査実施通知書

××号
×年×月×日

○○㈱社長

監査部長　㊞

貴社監査実施の件

　貴社の監査を以下の通り実施します。
　つきましては、下記の資料を×年×月×日までに当部○○宛送付願います。
　併せて、往査日程及び面談について打ち合わせるため、貴社の取纏め責任者をご連絡下さい。

以上

記

1．監査人　　　：○○（監査実施責任者）
　　　　　　　　：○○（監査実施担当者）
2．監査範囲　　：
 (1)
 (2)
3．監査期間　　：×年×月×日〜×年×月×日
4．往査日程　　：×年×月×旬　×年×月×旬
5．送付依頼資料：詳細別添

書式３：往査日程通知書

××号
×年×月×日

〇〇㈱社長

監査部長　㊞

往査日程通知の件

貴部の実地監査を以下の通り実施します。
つきましては、下記の面談のお手配を願います。

以上

記

1．監査人　　　：〇〇（監査実施責任者）
　　　　　　　　：〇〇（監査実施担当者）
2．往査及び面談：
 (1) 本社　　　：×年×月×日〜×年×月×日
　　面談　　　：詳細別添
 (2) 〇〇支社　：×年×月×日〜×年×月×日
　　面談　　　：詳細別添
 (3) 〇〇工場　：×年×月×日〜×年×月×日
　　面談　　　：詳細別添

書式4:監査実施手順書(1頁目)

　　　　　　　　　　　　　　　　　　　　　　　　×年×月×日

監査部長

　　　　　　　　　　　　　　　　　　監査実施責任者　㊞
　　　　　　　　　　　　　　　　　　監査実施担当者　㊞

　　　　　　　　　　　　監査実施手順書

1．監査先　　　　：○○㈱
2．責任者　　　　：○○（就任年月日）
3．監査期間　　　：×年×月×日～×年×月×日
4．往査場所　　　：
(1) 本社　　　　：×年×月×日～×年×月×日
　　面談者○○　：×年×月×日×時～×時
　　面談者○○　：×年×月×日×時～×時
　　面談者○○　：×年×月×日×時～×時
　　面談者○○　：×年×月×日×時～×時
　　面談者○○　：×年×月×日×時～×時
(2) ○○支社　　：×年×月×日～×年×月×日
　　面談者○○　：×年×月×日×時～×時
　　面談者○○　：×年×月×日×時～×時
　　面談者○○　：×年×月×日×時～×時
　　面談者○○　：×年×月×日×時～×時
　　面談者○○　：×年×月×日×時～×時
(3) ○○工場　　：×年×月×日～×年×月×日
　　面談者○○　：×年×月×日×時～×時
　　面談者○○　：×年×月×日×時～×時
　　面談者○○　：×年×月×日×時～×時
　　面談者○○　：×年×月×日×時～×時
　　面談者○○　：×年×月×日×時～×時

　　　　　　　　　　　1/XX

書式４：監査実施手順書（２頁目）

　５．監査目標：
　(1)
　(2)
　(3)
　６．監査範囲及び／又は監査項目：
　(1)
　(2)
　(3)
　(4)
　(5)
　(6)
　(7)
　７．監査要点、監査技術、監査証拠：
　(1)
　(2)
　(3)
　(4)
　(5)
　(6)
　(7)
　(8)
　８．監査費用：
　(1) 旅費
　(2) 交通費
　(3) 宿泊費
　(4) 出張日当
　(5) 公認会計士への報酬
　(6) 合計：××円（予算→実績）

2/XX

書式5:監査予備調書(1頁目)

×年×月×日

監査部長

監査実施責任者 ㊞
監査実施担当者 ㊞

監査予備調書

1. 監査先　　　：○○㈱
2. 責任者　　　：○○（就任年月日）
3. 監査期間　　：×年×月×日～×年×月×日
4. 監査先の概要：
 (1) 沿革
　　〔1〕沿革の概観
　　〔2〕資本金の推移
　　〔3〕現在の株主構成
　　〔4〕子会社等
 (2) 組織
　　〔1〕組織図
　　〔2〕役員構成
　　〔3〕職員構成
 (3) 権限付与
 (4) 主要業務
　　〔1〕投資、融資、保証の残高
　　〔2〕与信残高
　　〔3〕在庫残高
 (5) 財務諸表
 (6) 経営方針
 (7) 経営計画
 (8) 重点施策

1/××

書式５：監査予備調書（２頁目）

```
　５．監査目標：
　(1)
　(2)
　　：
　６．監査範囲及び／又は監査項目：
　(1)
　(2)
　　：
　７．監査要点、監査技術、監査証拠：
　(1)
　　　〔1〕設定した事由、疑問、懸念等
　　　〔2〕検証に適用する監査技術及び監査手続
　　　〔3〕入手すべき監査証拠
　　　〔4〕検証のための往査場所等
　(2)
　　　〔1〕設定した事由、疑問、懸念等
　　　〔2〕検証に適用する監査技術及び監査手続
　　　〔3〕入手すべき監査証拠
　　　〔4〕検証のための往査場所等
　　　　：
　８．往査日程：
　(1) 往査場所及び日程
　　　〔1〕面談者及び所要時間
　　　〔2〕面談者及び所要時間
　　　　：
　(2) 往査場所及び日程
　　　〔1〕面談者及び所要時間
　　　〔2〕面談者及び所要時間
　　　　：
                  2/XX
```

書式５：監査予備調書（３頁目）

9．監査費用：
(1) 旅費
(2) 交通費
(3) 宿泊費
(4) 出張日当
(5) 公認会計士への報酬
(6) 合計：××円（予算）

3/XX

書式６：監査概要報告書

×年×月×日

監査部長

監査実施責任者　㊞
監査実施担当者　㊞

監査概要報告書

１．監査先　　　　：○○㈱
２．責任者　　　　：○○（就任年月日）
３．監査期間　　　：×年×月×日～×年×月×日
４．往査日程　　　：×年×月×日～×年×月×日（詳細別添）
５．監査結果の概要：
　(1)
　(2)
　　︙
６．監査要点の検証結果：
　(1)
　(2)
　　︙
７．指示事項の検証結果：
　(1)
　(2)
　　︙
８．指摘及び提言事項：
　(1)
　(2)
　　︙
９．監査費用（実費）：

書式7:監査調書(1頁目)

　　　　　　　　　　　　　　　　　　　　　　　　　　×年×月×日

監査部長

　　　　　　　　　　　　　　　　　　　監査実施責任者　㊞
　　　　　　　　　　　　　　　　　　　監査実施担当者　㊞

　　　　　　　　　　　　　監査調書

1．監査先　　　：○○㈱
2．責任者　　　：○○（就任年月日）
3．監査期間　　：×年×月×日～×年×月×日
4．監査先の概要：
（1）沿革
　　〔1〕沿革の概観
　　〔2〕資本金の推移
　　〔3〕現在の株主構成
　　〔4〕子会社等
（2）組織
　　〔1〕組織図
　　〔2〕役員構成
　　〔3〕職員構成
（3）権限付与
（4）主要業務
　　〔1〕投資、融資、保証の残高
　　〔2〕与信残高
　　〔3〕在庫残高
（5）財務諸表
（6）経営方針
（7）経営計画
（8）重点施策

　　　　　　　　　　　　　1/XX

書式7:監査調書(2頁目)

5.監査目標:
 (1)
 (2)
  ⋮
6.監査範囲及び/又は監査項目:
 (1)
 (2)
  ⋮
7.監査要点、監査技術、監査証拠:
 (1)
   〔1〕設定した事由、疑問、懸念等
   〔2〕検証に適用した監査技術及び監査手続
   〔3〕入手した監査証拠
   〔4〕検証した往査場所等
   〔5〕確認した事実(指摘及び提言の要否/可否)
   〔6〕監査意見
     ＊指摘
     ＊提言
 (2)
   〔1〕設定した事由、疑問、懸念等
   〔2〕検証に適用した監査技術及び監査手続
   〔3〕入手した監査証拠
   〔4〕検証した往査場所等
   〔5〕確認した事実(指摘及び提言の要否/可否)
   〔6〕監査意見
     ＊指摘
     ＊提言
  ⋮

2/XX

書式7:監査調書(3頁目)

8.往査日程:
(1) 往査場所及び日程
 〔1〕面談者及び所要時間
 〔2〕面談者及び所要時間
  ⋮
(2) 往査場所及び日程
 〔1〕面談者及び所要時間
 〔2〕面談者及び所要時間
  ⋮
9.発見事項:
(1)
 〔1〕発見した事実(指摘及び提言の要否/可否)
 〔2〕監査意見
  ＊指摘
  ＊提言
(2)
 ⋮
10.監査費用:
(1) 旅費
(2) 交通費
(3) 宿泊費
(4) 出張日当
(5) 公認会計士への報酬
(6) 合計:××円(実績)

3/XX

書式８：監査結果通知書（１頁目）

××号
×年×月×日

○○㈱社長

監査部長　㊞

監査結果通知書

先般実施しました貴社監査結果を下記の通り通知しますので、指摘及び提言事項について２週間を目処に貴見及び対応策を回答願います。

以上
記

1．監査先　　　：○○㈱
2．責任者　　　：○○（就任年月日）
3．監査人　　　：○○（監査実施責任者）
　　　　　　　　：○○（監査実施担当者）
4．監査期間　　：×年×月×日〜×年×月×日
5．往査日程　　：×年×月×日〜×年×月×日（詳細別添）
6．監査結果の概要：

> 　この部分に、この部分を読むだけで容易に分かるように、監査結果の概要を簡潔明瞭に記載する。
> 　従って、特に重要な又は緊急の対応を要する異常な事態の有無及びその程度を上手に伝える工夫が必要である。
> 　監査結果の詳細については次頁以降に、指摘及び提言についてはそれ以降に記載する。

1/XX

書式8：監査結果通知書（2頁目）

```
7．監査結果の概要：
(1) 組織概要
    〔1〕沿革
    〔2〕人員構成
    〔3〕権限付与
    〔4〕リスクの種類及び程度
    〔5〕異常な事態の有無及び程度
(2) 主要業務
    〔1〕経営計画
    〔2〕重点施策
    〔3〕リスクの種類及び程度
    〔4〕異常な事態の有無及び程度
(3) 業績推移
    〔1〕要約財務諸表
    〔2〕計画の達成度
    〔3〕主要業務の継続性
    〔4〕リスクの種類及び程度
    〔5〕異常な事態の有無及び程度
8．指摘及び提言事項：
(1)
(2)
 ：
```

> 2頁以降に、「7．監査結果の概要」を20〜30頁に亙って詳細に記載する。
> その後に、「8．指摘及び提言事項」を記載して締め括る。
> 詳細別添の場合は、当該資料を添付する。

2/XX

書式9a：監査報告書

××号
×年×月×日

社長

監査部長 ㊞

監査報告書

1．監査先　　：○○㈱
2．責任者　　：○○（就任年月日）
3．監査人　　：○○（監査実施責任者）
　　　　　　　：○○（監査実施担当者）
4．監査期間　：×年×月×日～×年×月×日
5．往査日程　：×年×月×日～×年×月×日
6．監査先の概要：
 (1) 組織概要

 (2) 主要業務

 (3) 業績推移

7．指摘及び提言：
 (1)

 (2)

 (3)

 ⁝

以上

1/1

書式9b：監査報告書

××号
×年×月×日

社長

監査部長　㊞

監査報告書

監査先：○○㈱	責任者：○○（就任年月日）
監査実施責任者：○○ 監査実施担当者：○○	監査期間：×年×月×日～×年×月×日 往査日程：×年×月×日～×年×月×日

監査先の概要：
(1) 組織概要

(2) 主要業務

(3) 業績推移

指摘及び提言事項：
(1)

(2)

(3)

> このように罫線で区切ると、様式9aよりも若干多めの記載が可能となる。

1/1

第2章　内部監査の基本的手続

column 4　ドイツのFrankfurtと英国のStratford

　ドイツにはFrankfurtと呼ばれる都市が2か所ある。1つは、Hessen州南部の、Johann Wolfgang von Goethe（1749－1832）の生地であり、欧州中央銀行本店がおかれている金融都市、もう1つは、Polandと国境を接する、かつてのHansa都市、Brandenburg州中部の州都である。

　ドイツ人は、前者をFrankfurt am Mainと呼び、後者をFrankfurt an der Oderと呼んで、両者を区別している。

　Frankはフランク人、furtは浅瀬（英語ではford）、MainとOderは川の名前であるから、前者は「Main河畔のフランク人の町」を指し、後者は「Oder河畔のフランク人の町」を指す。

　英国にはStratfordと呼ばれる町が各地にあり、最も有名なものがStratford-upon-Avonである。これは、英国Englandの中部にあり、William Shakespeareの生誕地及び埋葬地の町の名前である。

　Stratfordはstreetを意味する古英語のstrætと浅瀬を意味するfordを組み合わせた「浅瀬の街道」を意味する語であり、Fosse WayとIcknield Streetを結ぶローマの軍道（Via Strata Romana）である。

　Avonはケルト語の川を意味するAbhainnが語源で、それを川の名前と思い込んだアングロ・サクソン人がriver Avonと呼んだことに由来する。

　この誤解は、かつて日本人がバンコクのチャオプラヤー川（メーナム・チャオプラヤー）をメナム川と呼んでいたのと同種のものである。

　因って、Stratford-upon-Avonとは、Avon川の浅瀬とローマの軍道が交わる所にあるStratford（という名前の町）を意味する。

第3章

実効を上げるための要件

　内部監査業務は、立派な監査報告書を提出するために行なうのではない。内部監査人は、真に実効をもたらす内部監査を実施しなければならない。
　内部監査人は、自社及び企業集団各社の制度、手続、組織、業務、慣行に潜在している異常な事態の発見及び抜本的解消に有効な施策の提言によって正常化に導き、健全かつ継続的発展の確保に貢献することにより、内部監査の実効を上げる。
　内部監査の実効を上げるためには、監査目的を認識し、内部監査の基本知識及び監査技術を習得した上で、予備調査において異常な事態の存在を感知及び特定し、実地監査において実証する手続を踏まなければならない。
　適切な監査要点の設定により実効を上げる内部監査を実施する手法が、監査リスク・ベースの監査である。

実効を上げるために不可欠の要件

1　内部監査の基本を身に付けることの重要性

　何事であれ、物事に熟達するためには、或いは効率的に遂行するためには、先ずその基本を理論的に理解し、次に個々の技術を身に付けて、理に適った適用及び応用をすることが肝要である。
　一般的に、初歩又は基礎と誤解し、軽視しがちであるが、基本とは、物事の根本原理の認識、思考、判断の拠り所であり、これを体得せずに様々な技術を憶えても、有効に活用できるものではない。
　物事を実現するためには、先ず目指す目的（end）を明確に設定し、次にその目的に至るための道標としての目標（objectives）を設定し、それらを着実に達成していかなければならない。

目標は、その究極にある目的を実現するために設定した当面の目印である。
目的は、それぞれの目標の達成を積み重ねることにより、実現可能となる。
尚、目標は、目的を実現するための目安であるだけでなく、手段でもある。

　内部監査は、経営者が、懸念事項及び関心事を点検するために、内部監査人に委託した業務であるから、内部監査人は、このことを自覚し、その期待に応えて検証し、実効を上げなければならない。

内部監査の実効を上げるためには、何を目的及び目標に、どのような手続を、どのような局面で、どのように行なうのかという、内部監査の基本を、理詰めでしっかりと理解しておかなければならない。

　内部監査の基本を理解していなければ、監査マニュアル（手順書）に記載されている手順及び書式で監査報告書を作成する、単なる文書作成作業に終わり、内部監査の実効を上げることができない。
　監査技術及び監査手続の解説書を読んでも、それらを適用する目的、対象、局面、種類、方法を理解して実行しなければ、単なる点検作業の真似事に終わり、指摘及び提言すべき異常な事態の発見及び必要な監査証拠（監査意見の合理性の裏付資料）の入手に役立たない。
　内部監査の基本を理解しかつ体得していれば、適切な監査技術の選択及び適用が可能となるので、重要な監査要点の有効かつ効率的検証及び監査証拠の入手が容易に可能となる。

　内部監査とは、ある事象について事実を確かめ、それを基に形成した監査意見を監査先責任者及び経営者に正確に伝えるために実施する業務であるから、実効を上げるためには、内部監査の基本を頭に叩き込み、監査マニュアルに頼らず、思考を凝らしながら事実を多面的に検証し、監査意見を正確にかつ明瞭に伝達することが肝要である。

　内部監査は経営者のためだけでなく利害関係者のために実施するべきではないかとの質問を受けたことがあるが、それはコンプライアンスの観点で配慮する事項である。利害関係者とは利益相反する人々の集合体であり、利害関係者の利益を考慮した監査意見の形成は可能であるが、利害関係者の利益のための内部監査の実施は不可能である。

2　仕事で成果を上げるための秘訣

何事であれ、成果を上げる秘訣は、次の段階を踏むことである。

[1]　目的の認識
　　先ず、その仕事は何のために行なうものかを明確に認識する。
　　　What forを理解せずにHow toを習得しても、役に立たない。
[2]　目標の設定
　　次に、目標とする成果物及びその提出期限を明確に設定する。
[3]　計画の作成
　　次に、その仕事を効率的に行ないかつ成果を上げるための方法及び手順を検討し、それを実施するための具体的計画を組み立てる。
[4]　計画の実行
　　次に、その計画を実行に移す。進行状況及び有効性を随時確かめ、工夫及び改善を加えながら、目標の達成を図る。
[5]　結果の報告
　　最後に、その結果を簡潔明瞭に報告する。

3　内部監査の実効を上げるための手続の概説

実効を上げて経営に貢献する実効的内部監査の実施のための手続及び要領の概要は、次の通りである。

[1]　内部監査の目的をしっかりと認識する。
[2]　内部監査の基本をしっかりと頭に叩き込む。

[3]　監査技術及び監査手続を習得する。
[4]　網羅的予備調査を実施する。
　①　監査先の組織、主要業務、主要リスクの概要を把握する。
　②　重要な固有リスクを探索して識別する。
　③　重要な固有リスクに対する内部統制の有効性の評価による重要な統制リスクを絞り込む。
　④　適切な監査目標を設定する。
　⑤　監査目標に適合する監査要点を設定する。
[5]　監査実施手順書を作成する。
[6]　監査予備調書を作成する。
[7]　実地監査を実施する。
　①　思考を凝らし、多面的に視て、実態を把握し、事実を確認する。
　②　業務の適否及び良否を評価する。
　③　業務の有効性を評価する。
　④　業績の趨勢を評価する。
　⑤　監査証拠を入手して、異常な事態の有無を確認する。
　⑥　監査証拠を入手して、異常な事態の原因を特定する。
[8]　監査意見を形成し、内部監査部長の承認を得て確定する。
　①　全体最適の観点で暫定的監査意見を形成する。
　②　内部監査部長等は、合理性・客観性・全体最適性を吟味して、監査意見を確定する。
[9]　監査調書を作成する。
　　監査調書と監査証拠は、内部監査人の命である。
[10]　監査結果通知書及び監査報告書で監査意見を伝達する。
[11]　回答書を取り付け、フォロー・アップ実施計画を立案する。
[12]　フォロー・アップを実施する。

4　内部監査の実効を上げるための手続の詳細

　実効を上げて経営者の附託に応える現代の実践的内部監査の手続及び要領の詳細は、以下の通りである。

(1)　内部監査組織の監査目的の明確化

(1)　経営者の3つの懸念事項及び関心事項について実態を的確に検証及び報告をして、経営判断に貢献する。
(2)　異常な事態を発見して、その抜本的解消に有効な施策を監査先の責任者に提供し、実現に導くことによって、自社及び子会社の健全かつ継続的発展に貢献する。

即ち、
①　業務運営管理者等（部長及び所属員）に対する支援
②　経営者（取締役会及び最高経営執行者等）に対する貢献
③　会社（株主及びその他利害関係者）に対する貢献

(2)　内部監査の基本知識の習得

(1)　社内規程及び基準等の整備状況だけでなく、その内容の網羅性、適正性、有効性等も点検する。
(2)　社内規程及び基準等に準拠しているか否かだけでなく、準拠していない理由及びできない原因を究明する。
(3)　契約⇒受渡⇒決済と連続する業務の有効性及び上司による当該業務における日常的モニタリングの有効性を点検する。

(4) 業績の分析及び比較によって業績の成長性、事業収益の十分性、社内組織又は子会社としての存続能力の十分性を検証する。
 (5) 趨勢分析によって監査先の業務に潜在している異常な事態を遺漏なく発見し、その発生原因を特定し、原因及び実情を指摘し、その抜本的解消に有効な施策を提言する。

(3) 基本の応用のための監査技術及び監査手続の習得

 (1) 異常性の感知、業務処理の適否／良否及び事業の継続性の確認、監査証拠の入手手段としての監査技術及び監査手続を習得する。
 (2) 監査実務において閲覧、勘定分析、趨勢分析、突合、比較、年齢調べ、面談、実査、立会、視察、確認等を活用する。

(4) 個別監査における網羅的予備調査の実施

 (1) 予備調査を網羅的にかつ多面的に実施する。
 (2) 専門職としての合理的懐疑心を持ち、正当な注意を払って、潜在している異常性の感知に努める。
　　合理的懐疑心とは、純粋な疑いの心であり、猜疑心を持ち性悪説の観点から相手の人間性を疑うものではない。
　　正当な注意とは、職務遂行において専門職である内部監査人が払うべき当然の注意であり、善良な管理者の注意義務に相当するものである。
 (3) 予備調査においては、監査リスク・ベースの監査手法を活用し、先ず山を**見る**、次に森を**観る**、そして木を**視る**。
　　先ず監査対象の全体を俯瞰した上で、徐々に焦点を絞っていき、重要な監査範囲又は監査項目を選定する。

①　監査先の組織、主要業務、主要リスクの概要把握

　次の事項について、合理性（理に適っているかどうか）の観点で調査する。

　　＊与えられた主要な任務及び業務目標は何か
　　＊当該任務を適正（適法、適切、有効）に遂行しているか、業務目標を計画通りに達成しているか
　　＊監査先の主要な利益の源泉は何か（どの取引か、どの商品か、どのサービスか）
　　＊当該利益を継続的に確保できる状況にあるか

②　重要な固有リスクの探索及び識別

　監査先の組織及び業務に潜在している重要な固有リスクの種類及び概要を次の観点で探索して識別する。

　　＊目標の達成を阻害するリスク
　　＊金銭的損失をもたらすリスク
　　＊評判的損失をもたらすリスク

③　重要な固有リスクに対する内部統制の有効性の評価による重要な統制リスクの絞込

　監査リスク・ベースの監査手法により、会社に金銭的及び評判的打撃を与える可能性の高い重要な統制リスク（固有リスクに対するコントロールが有効でないもの）を絞り込んで、実地監査におけるその存否の確認の対象として選定する。

④　適切な監査目標の設定

　予備調査において感知した異常性及び懸念を基に、監査先業務に存在している可能性の高い異常な事態を想定し、その実在の確認を基に形成する監査意見の概要を実施する個別内部監査の監査目標として設定する。

⑤　監査目標に適合する監査要点の設定

　　監査目標の達成のために、実地監査においてその実在を確認する異常な事態について、どのような状況にあるかを想定した具体的な仮説を立て、それを監査要点として設定する。

(5)　監査実施手順書の作成

（1）　実地監査の効率的・効果的実施のために、検証する項目、方法、手順を検討し、実施する監査手続の日程及び時間割を詳細に纏めた監査実施手順書（監査プログラム）を作成する。
　① 　監査目標及び監査要点の設定
　② 　監査項目又は監査範囲の選定
　③ 　検証業務毎の作業時間の見積
　④ 　検証業務の依存関係の見極め
　⑤ 　検証業務の優先順位の見極め
　⑥ 　検証業務の段取の決定
　⑦ 　監査実施手順書の作成

　　プラン（plan）とは目標を達成するための行動及び手順を纏めたものであり、プログラム（program）とはその詳細な予定表である。

(6)　監査予備調書の作成

（1）　予備調査の実施によって把握した監査先の組織及び業務の概要、設定した監査目標及び監査要点、その設定理由、監査範囲及び監査項目、往査場所及び日程等の予備調査の概要及び結果、監査費用の概算等を記載する。

(7) 実地監査の実施

(1) 監査実施手順書の記載事項を実践して、実地監査（現場監査）を効率的かつ効果的に実施する。

(2) 専門職としての合理的懐疑心を持ち、正当な注意を払って、設定した監査要点（ネガティブな事態を想定した仮説）の当否の確認に努める。

(3) 適宜に検証手続の進行状況及びその有効性等を監査実施手順書の記載事項と突き合わせて確かめ、工夫及び改善を加えながら、監査目標の達成を図る。

(4) 監査マニュアルに頼らず、合理性（理に適っているかどうか）の観点で思考を凝らしつつ監査要点の当否を多面的に検証し、異常な事態を発見し、その原因を究明して、十分な監査証拠を入手する。従因に惑わされることなく、主因を特定するよう努める。

(5) 実地監査においては、監査技術及び監査手続を活用し、木を視る、異常な事態については枝を診る。

　① 実態の把握及び事実の確認
　　＊物事を、思考を凝らしながら、広く、深く視る。
　　＊物事を、一面ではなく、多面的に視る。
　　＊物事の外見ではなく、実質を見抜き、実体／実態を見極める。
　　＊実態及び事実の確認は、監査証拠の入手による。

　② 業務の適否及び良否の評価
　　＊規準及び基準等と実態の突合による。
　　＊適法性、正確性、効率性を検討する。

　③ 業務の有効性の評価
　　＊成果の目標からの乖離の程度による。

＊有効に機能している又は機能していない証拠の入手による。
　　　　・所期の目標を達成しているか又は効力を発揮しているかどうかを検討する。
　④　業績の趨勢の評価
　　　＊連続する３つ以上の時点の数値の趨勢分析による。
　　　　・物事を動的に視て、趨勢、傾向を把握する。
　⑤　異常な事態の有無の確認
　　　＊監査証拠の入手による。
　　　＊監査証拠を入手できなくても、合理性の観点から異常な事態が存在する可能性が高ければ、諦めずに探索する。
　⑥　異常な事態の原因の特定
　　　＊監査証拠の入手による。

(8) 監査意見の形成及び確定

(1) 監査人としての暫定的監査意見を形成し、内部監査部長の承認を得る。
　①　全体最適の暫定的監査意見の形成
　　　＊監査人としての暫定的監査意見を形成する。
　　　　・指摘：異常な事態の原因及び実情（実態の規準、基準、目標等から下への乖離の程度）
　　　　・提言：異常な事態の抜本的解消に有効な施策
　　　＊経営者の代理人としての全体最適の観点で、合理的かつ客観的監査意見の形成に心掛ける。
　　　　・「個別最適」の集合は「合成の誤謬」となり「全体最適」とはならない。

＊監査意見（指摘及び提言）の記載に際しては、確認した事実と形成した意見を混同しないよう留意する。
　② 合理性・客観性・全体最適性の吟味による監査意見の確定
　　　＊個別監査の実施者だけでなく、内部監査組織の責任者及び上位者も、監査証拠と突き合わせて、暫定的監査意見の合理性及び客観性を吟味して、監査リスク（この局面では事実を誤認するリスク）の低減に努める。
　　　＊監査証拠の証拠力（証拠能力及び証明力を備えているかどうかという証拠の信頼性）も吟味する。
　　　＊内部監査部長の承認を得て、内部監査組織としての正式な監査意見を確定する。

(9) 監査調書の作成

（1） 内部監査部長の承認を得て、監査調書を作成する。
（2） 予備調査で把握した監査先の組織及び業務の概要、それらに付随するリスクの概要、設定した監査目標及び監査要点、それらの設定理由、選定した監査範囲及び監査項目、往査場所及び日程等の予備調査の結果、実地監査で実施した監査手続及びその結果、形成した監査意見及び監査証拠等の監査結果を詳細に記載する。

(10) 監査結果の通知及び報告

（1） 監査先責任者に対する監査意見の正確な通知
　　監査結果の概要、詳細、監査意見等を内部監査部長名で記載した「監査結果通知書」を監査先組織責任者に送付する。

監査結果通知書には、内部監査を実施して実在を確認した異常な事態の原因及び実情の指摘並びに異常な事態の抜本的解消に有効な施策の提言等を記載する。
　　　＊監査結果の概要、監査結果の詳細、指摘及び提言を正確に記載する。
　　　＊指摘及び提言（監査意見）を項目別にかつ重要性の順番で記載する。
(2)　最高経営執行者等に対する監査結果の正確な報告
　　監査結果通知書に記載した監査結果の概要及び監査意見を簡潔明瞭に纏めた「監査報告書」を内部監査部長名で最高経営執行者に提出する。

(11)　回答書の取付及びフォロー・アップ実施時期の設定

(1)　回答書の取付及び吟味
　　監査結果通知書に纏めた（異常な事態の）指摘及び（その抜本的解消のための施策の）提言への対応措置（具体的対処方法及びその実施時期）を記載した「回答書」を監査先責任者から取り付けて、その内容を吟味する。
　　　＊対処の方法を具体的に記載しているか
　　　＊その実施時期を明確に記載しているか
　　　＊対処法及び実施時期が有効かつ信頼できるものか
(2)　フォロー・アップ実施計画の立案
　　　＊回答書に記載された対処の実施時期を基に、フォロー・アップ（対処の実施状況の確認業務）の実施時期及び方法を設定する。
　　これは、フォロー・アップであり、フォロー・アップ監査ではない。

(12) フォロー・アップの実施

(1) フォロー・アップの実施予定時期に、監査先が対処を実施したかどうか、それが実効的なものかどうかを確かめるため、フォロー・アップを実施する。
(2) 個別内部監査は、フォロー・アップの結果を纏めた「フォロー・アップ報告書」に対する内部監査部長の承認をもって完結する。

---

column 5 ウィンナー・ソーセージとウィンナー・コーヒー

ウィンナー・ソーセージは、直径20mm未満の（大人の小指大の）赤く着色された、日本独自の商品であり、ウィーンはおろか、オーストリーにそのようなものはない。

ウィーンで食されているソーセージは、フランクフルターと略称されているフランクフルト・ソーセージ（Frankfurter Würstchen）である。

日本ではコーヒーにホイップ・クリームを浮かべたものをウィンナー・コーヒー（Wiener Kaffee）と呼んでいるが、実は、ウィーンにウィンナー・コーヒーいう名称のコーヒーはない。

ウィーンで一般に飲まれているものは、エスプレッソに温めたミルクを注いだ上にミルクの泡（メランジュ）を載せた、イタリアのカプチーノと同様のものである。

オーストリーに上述のウィンナー・コーヒーに類似したものはあるが、名称はフランツィスカーナー（Franziskaner）であり、日常的に飲まれているものではない。

 実効を上げるための留意事項

1 チェック・リストを使用上の留意事項

　チェック・リストは、点検項目を記載した一覧表であり、点検漏れを防止する利点があるが、以下の事項に留意して使用する必要がある。

(1) 他社のチェック・リストでは役に立たない

　他社のチェック・リスト又は解説書等に掲載されている内容を参考にして又は丸写しして作成したチェック・リストは、自社の業務の点検に有効なものとはなり得ない。

　組織毎に業務の内容が異なるために、監査先の業務に適合する点検を行なわなければ、その効果を発揮できない。

(2) チェック・リストには弱点がある

　チェック・リストは、一般に、業務プロセスを追って点検するように作成していないため、重大なリスクの存在を見落とす弱点がある。
　業務プロセスを追って点検するように作成していても、個々の業務に関連する書類及び記録等を紐付けして総合的に点検しなければ、重大なリスクの存在を見落とす。

チェック・リスト上の点毎ではなく、関連する複数の点を線で結び、複合的に点検する必要がある。

(3)　チェック・リストには限界がある

　業務の内容及び手続等が多種多様なため、膨大なチェック・リストを作成してもカバーしきれない限界がある。

　点検項目を増やしても、監査先の業務に適合した点検の項目、対象、方法等を記載したものでなければ、有効な点検とはならない。

(4)　チェック・リストに依存し過ぎてはならない

　チェック・リストに依存し過ぎると、チェック・リストなしでは点検できなくなる。

　異常性の感知において有効かつ必要なものは、チェック・リストではなく、監査人の注意力、感性、思考である。

(5)　チェック・リストによる点検は監査の始まりに過ぎない

　チェック・リストによる点検が監査であると、誤解してはならない。
　チェック・リストによる点検は、異常性の識別に繋がる緒を発見するために行なう監査の取掛りに過ぎず、それだけでは、何度行なっても、監査とはならない。

2　監査マニュアル使用上の留意事項

　監査マニュアルは、監査の手順、要領、書式を記述した業務手引書であり、業務の学習及び標準化に役立つが、その利用に当たっては以下の事項に留意する必要がある。

(1)　監査目標を明確に定めて見失わないこと

　監査マニュアルに記載された事項を、記載された手順通りに行なっていると、単なる手順書に過ぎない監査マニュアルに振り回され、文書を作成するだけの形式的作業となる。

　何のために、何をするべきか、今何をしているのか、これでよいのか、もっとよい方法はないか、次に何をするべきかを常に認識し、進むべき方向（監査目標）を見失わないよう、留意しなければならない。

(2)　監査目標と監査要点が監査先毎に異なること

　症状が類似していても病気の種類及び原因等が患者毎に異なることを理解せず、監査マニュアルに頼っていると、病巣の看過及び誤診という監査リスクが高くなる。

　監査人は、監査マニュアルに頼るのではなく、内部監査の基本をしっかりと身に付けて、理に適った監査実務を、臨機応変に遂行しなければならない。

3　テーマ監査実施上の留意事項

(1)　部門別監査

　部門別監査とは、部、支社、支店等の組織毎に実施する監査を言う。
　事業部並びに大規模の本部及び支社の場合は、部、ユニット、室等の単位で包括的監査又は全般的監査を実施する。

(2)　機能別監査

　機能別監査とは、購買、製造、販売等の業務の中の特定の監査対象に絞って実施する監査を言う。

(3)　テーマ監査

　テーマ監査とは、現・預金管理、在庫管理、リスク・マネジメント、コンプライアンス等の特定の監査項目（監査テーマ）に絞って実施する監査を言う。
　リスク・アプローチの監査或いはリスク・ベースの監査（正しくは、監査リスク・ベースの監査）を掲げてテーマ監査及び機能別監査を実施するのは、矛盾する行為である。
　テーマ監査は、設定した監査テーマ以外の領域に潜在している異常な事態を発見できない重大な監査リスクをはらんでいる。
　機能別監査も、選定した監査項目と異なる業務に潜在している異常な事態を発見できない重大な監査リスクをはらんでいる。

4　不正のトライアングル排除の重要性

　内部統制報告制度の導入により経営者による不正な財務報告を排除するための財務報告に係る内部統制の態勢整備への誘導という金融庁の目標は達成されたようだが、逆に中間管理職その他による業績の粉飾、横領、情報漏洩等の不正行為が増大傾向にある。

　不正のトライアングルは、米国のDonald R. Cressey 教授が服役中の横領犯罪者との面談調査と分析によって解明した不正の仕組についての仮説であり、Cressey 教授は、「普通の人間が不正を働く動機を固めた背景には3つの要因の存在があり、3つの要因の1つでも排除すれば、不正を抑止できるのではないか」という仮説」を述べた。
　その1つの要因とは、「機会（opportunity）」を意味している。

不正のトライアングル
The Fraud Triangle

刺激／圧力
（アメとムチ）
Incentive / Pressure

　　　機会　　　　　　　　自己正当化／居直りの姿勢
　Opportunity　　　　　　Rationalization / Attitude

「Incentive」の部分を「動機」と記載している解説書があるが、この原文には「incentive」と記載されており、「動機づけのための刺激」を意味する。
* motive＝動機
* motivation＝動機づけ
* incentive＝動機づけのための刺激、報酬＝アメ
* pressure＝動機づけのための圧力、強制～ムチ

Cressey教授は3つの要素が揃うことで不正を働く動機が固まったと想定して不正のトライアングルと呼んだのであり、incentiveを動機と誤訳すると、他の2つの要素は不要となり、トライアングル仮説は成立しない。

日常的モニタリングの適切な実施により「機会」だけでも除去すれば不正の牽制となるので、内部監査において日常的モニタリングの有効性（不正を働く機会の有無）を確かめることが肝要である。

5　監査リスク・ベースの監査の実施

内部監査において異常な事態を効率的かつ効果的に発見する手法は、監査資源の合理的配分によって監査資源の節約及び監査リスク（異常な事態を見落とすリスク）の抑制を可能にする監査リスク・ベースの監査手法である。

内部監査組織の監査計画の策定及び個別監査の実施の両方において、監査リスク・ベースの監査手法を活用する。

第 4 章

実効を上げる内部監査の要領

　監査リスク・ベース監査は内部監査業務の効率的かつ効果的実施に有効かつ不可欠の手法であり、予備調査においてこれを活用し、適切な監査要点を設定することが実地監査の実効をもたらす。
　異常性の感知、監査要点の検証、監査証拠の入手等に不可欠の手段が監査技術及び監査手続であるが、監査の要証命題（証明を必要とする命題）に最適のものを選択して適用する必要がある。
　異常性の感知及び事業継続能力の有無の検証等に有用かつ有効な監査手続が趨勢分析であり、この活用が予備調査及び実地監査の実効をもたらす。

監査リスク・ベースの内部監査の実施要領

1 監査リスク・ベースの内部監査の実施手続

監査人は、監査リスク・ベースの手法で、以下の手続を適用する。

(1) 予備調査の基本的手続

① 監査先及び関係部署から入手した任務、権限、計画、予算、実績、契約、受渡、決済、限度、極度、申立、報告、会計帳簿等の記録及び書類の閲覧、数値の点検、加工、分析、突合、比較、評価、確認等により、監査先の組織、業務の現状についての疑問及び懸念を感知する。

② これらの疑問及び懸念についての詳細な検討により、監査先の組織及び業務に内在し、事業計画の達成、事業の継続、当該組織の存続を阻害する要因、金銭的損失及び評判的損失をもたらす要因をはらんでいる重大な固有リスク（異常な事態をもたらす蓋然性）を想定して、それらが現実化する蓋然性の程度及びそれらが現実化した場合の損失等の影響の程度を暫定的に評価する。

③ 監査先の内部統制（≒リスク・コントロール）の有効性を暫定評価して重大な統制リスク（内部統制の不備により捕捉及び抑制できない固有リスク）の種類並びに捕捉及び抑制できない程度を評価する。

④　暫定評価で統制リスクが高いと判断した固有リスクについて、実地監査において重点的に検証をする監査要点（ネガティブな事態を想定した仮説）として設定する（疑問及び懸念を仮説に纏める）。

⑤　統制リスクの暫定評価を基に、発見リスク（監査先の業務等に潜在している異常な事態を監査で看過するリスク）の水準を推定する。

⑥　設定した監査要点仮説の検証及び発見リスクの抑制等、実地監査を効率的かつ効果的に実施するための実地監査の監査手続（監査の実施手順）を組み立て、実施の範囲、時期、場所、面談者、適用する監査技術等を勘案して、監査実施手順書（監査プログラム）を作成する。

(2)　本格監査の基本的手続

①　監査要点（指摘及び提言すべき異常な事態と推定し、仮説に纏めた事象及び事項）の当否について重点的に検証し、監査要点を立証する有力な監査証拠を収集する。
　　監査要点の当否の確認は、監査証拠との照合により行なう。
　　異常な事態を看過することのないよう、監査要点を設定していない事項についても、専門職としての正当な注意を払う。

②　監査証拠との照合によってその実在を確認した指摘及び提言すべき異常な事態について、監査意見を形成する。
　　仮説を立証する証拠を入手した場合は、指摘及び提言する。
　　仮説を否定する証拠を入手した場合は、指摘及び提言しない。
　　仮説を立証する証拠を入手できない場合は、指摘及び提言しない。

(3) 意見表明の基本的手続

① 意見表明においては、異常な事態の抜本的解消に役立つ施策を監査先が快諾して実現するように仕向ける文章で提言する。

② 形成した暫定的監査意見について、事実誤認の有無及び監査意見の合理性及び客観性を検討する。
　　監査人だけでなく、監査組織責任者等も、入念に吟味する。

2　監査要点設定の重要性

　監査要点とは、監査人が監査目標を達成する適切な監査意見の形成の基となる、監査先組織の病気又はその原因の発見に有効な、内部監査を実施する上での要点である。
　監査リスク・ベースの手法で内部監査を効率的かつ効果的に実施するのに有効かつ不可欠の手段が、監査要点の設定である。
　実地監査で重点的に検証すべき事項を予備調査段階で監査要点として設定することにより、効率的かつ効果的内部監査の実施が可能となるが、監査先毎に特有のリスクが潜在しており、監査要点は監査先の組織及び業務の種類毎に異なる。

　監査人は、このことに留意し、監査先の実情を的確に把握した上で、監査先に相応の監査目標に適合する的確な監査要点を設定し、組織及び業務に潜在している、しかも監査先に特有のリスクについて、監査先が適切かつ有効にコントロールしているかどうかを、実地監査で重点的に検証する必要がある。

3　監査要点設定上の観点及び主要項目

　自社及び子会社等を経営破綻から護って経営に貢献する内部監査を実施するためには、指摘及び提言すべき異常な事態を効率的に発見する適切な監査要点を予備調査によって設定することが肝要である。

(1)　監査要点設定上の観点

監査要点については、基本的に、以下の観点で設定する。

＊監査先組織の全般的内部統制が有効に機能しているか
- 所属員が任務を適正（適法・適時・適切）に遂行しているか
- 責任者が適時・適切に管理・監督しているか

＊監査先の利益が十分かつ継続的に確保される状況にあるか

＊監査先の経営目標の達成、事業の継続、組織の存続等が十分に確保される状況にあるか

(2)　監査要点設定上の主要項目

監査要点上の主要項目を例示すると、以下の通りである。

[1]　子会社等を持たない会社の場合
- 会社の経営理念と監査先の経営方針の整合性
- 経営方針と経営戦略の整合性
- 経営戦略と経営計画の整合性

- 経営計画と重点施策の整合性
- 重点施策と遂行業務の整合性
- 重点施策と計画業務(稟議案件及び重要契約)の整合性
- 業務の法令、規則、社内規程、基準、手続等への適合性
- 業務の適正性
    - 業務の有効性、適時性、正確性、効率性
    - 業務に関する記録及び報告等の適時性、正確性
    - 業務に関する契約書及び記録等の保存の適切性
- 事業の健全性
    - 販売代金及び貸金の回収状況
    - 棚卸資産の回転状況
    - 固定資産の稼働状況
- 事業の成長性、継続性
    - 事業収益の十分性、継続性
- 監査先組織の継続性
- 全般的内部統制の有効性
    - 組織の分割の適切性
    - 社内規程等の適切性
    - 業務分担の有効性
    - 権限付与の有効性
    - 権限行使の有効性
    - 二重点検(内部牽制)の有効性
    - 関連情報の照合の有効性
    - 記録と現物の照合の有効性
    - 資産の保全の有効性
    - 日常的モニタリングの有効性等

前掲の全般的内部統制の有効性は、・を付したその他の項目と並列の関係にあるのではなく、・を付したその他の項目の点検に使用するものである。下図では、上面に「内部統制の体制及び態勢の有効性」とだけ表示するが、「組織の分割の適切性から日常のモニタリングの有効性等」までの点検項目を意味する。

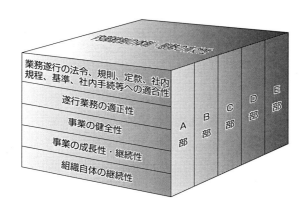

[2]　企業集団の親会社である場合

　既述の［1］に掲げた項目に以下の項目を加える。

- 子会社等に対するコーポレート・ガバナンスの有効性
- 子会社等の経営実態の把握の有効性
- 子会社等に対する債権、投資、融資、保証に係るリスク・マネジメントの有効性

[3]　企業集団の子会社等である場合

　既述の［1］に掲げた項目に以下の項目を加える。

- 親会社と子会社等の経営方針の整合性
- 親会社に対する報告の適時性、正確性、十分性等

子会社等とは、子会社（孫会社等を含む）、関連会社を意味する。

以上は、監査要点設定上の主要項目の例示であり、監査要点ではない（監査要点は、仮説のように、文章に纏めなければ有効に活用できない）ので、勘違いしないよう、注意を要する。

4　監査要点の設定及び検証の要領

適切な監査要点は、以下の要領で設定する。

① 　予備調査における組織及び業務の概要把握の過程で、収集した資料（計画、契約、限度、極度、記録等）の閲覧により、多額の損失及び不祥事をもたらす業務上の重大なビジネス・リスクを特定する。

② 　収集した資料（任務、権限、計画、予算、実績、契約、受渡、決済、限度、極度、申立、報告、会計帳簿等の記録及び関連する書類等）の閲覧、数値の点検、加工、分析、突合、比較、評価等により、全般的内部統制の有効性を暫定的に評価する。

③ 　監査先業務に潜在している可能性が高いムリ、ムラ、ムダ、誤謬、問題、違反、未対処の重大なビジネス・リスク、内部統制の不備等の異常な事態を実地監査で重点的に検証する監査対象として絞り込む。

④ 　異常な事態がどのような状態にあるか、現状のまま放置するとどのようになるか等を想像して幾つかの仮説を立て、これらの仮説を実地監査で重点的に検証する監査要点として設定する。

⑤　発見リスクの水準を勘案して、設定した監査要点（仮説）の当否を実地監査で適切に（実態を看過及び誤認せずに）検証するのに有効な監査手続（検証項目、往査場所、適用する監査技術、実施手順、面談相手等）を組み立て、監査実施手順書に記載する。

⑥　実地監査における面談（＝質問＋回答＋裏付書類による事実確認）、実査（＝実物検査）、入手資料の閲覧、関連資料との突合（＝照合）及び比較、年齢調べ等の監査技術及び監査手続の適用により仮説の当否を確認し、それを立証する監査証拠を入手する。

　斯かる検証の結果、仮説を肯定する監査証拠を入手すれば、早急に対処すべき異常な事態の存在を確認したことになるので、当該事項について指摘及び提言する。
　仮説を否定する監査証拠を入手すれば、異常な事態が基本的に存在していないことを確認したことになるので、指摘及び提言しない。

5　主要業務毎の監査要点設定上の観点

主要業務毎のリスクについての監査要点は、以下の観点で設定する。

[1]　研究開発部署
- 研究開発テーマが経営戦略又は経営方針と合致していたか
- 年度計画及び個別テーマ実行計画の進捗（達成度）はどの程度か
- 成果の費用対効果が個別テーマ計画通りの結果を出していたか
- 特許の取得が計画通りに為されていたか
- 知的財産を適切に管理していたか

- 劇毒物の管理及び産廃物の処理が適切に為されていたか
- 労働災害が起きていないか

[2] 購買部署
- 同質で等価の原材料、部材、部品、構成部品、製品等の購買先を複数確保していたか
- 良質で安価な原材料、部材、部品、構成部品、製品等を安定的に調達していたか
- 複数社に見積依頼をしていたか、見積書を入手していたか
- 購買決定理由は価格か、品質か、納期か
- 輪番決定（談合、癒着）の疑いはないか
- 品質・納期上の問題はなかったか

[3] 生産部署
- 生産計画は販売計画／生産要求と整合していたか
- 計画通りの期間に計画通りの数量を生産していたか
- 不良品の発生率は許容範囲に納まっていたか
- 実際原価が予定原価を大きく超過していなかったか
- 納期遅延が起きていなかったか
- 事故が起きていなかったか
- 労働災害が起きていなかったか
- 環境に悪影響を及ぼす行為はなかったか
- 知的財産を適切に管理していたか
- 劇毒物の管理及び産廃物の処理が適切に為されていたか
- 労働力、原材料、部材、部品、構成部品等の調達、製品競争力、採算上の懸念はないか

[4]　販売部署
- 計画通りの実績を上げていたか
- 販売及び利益を安定的に拡大していたか
- 主要利益の源泉を長期的に確保していたか
- 販促活動（交際費、販売奨励金）は適切であったか
- 在庫管理を適切に実施していたか … 滞留在庫が起きていないか
- 信用管理を適切に実施していたか … 回収遅延が起きていないか

[5]　物流部署
- 物流計画は購買／製造／販売部門の計画と整合していたか
- 運送作業を適切に実施していたか … 誤配送・遅配・品質劣化・破損・紛失・事故が起きていなかったか
- 庫内作業を適切に実施していたか … 誤入荷・品質劣化・破損・誤出荷・出荷遅延・紛失・事故が起きていなかったか

[6]　管理部署
- 牽制、発見、指摘等の業務を適切に遂行していたか
- 助言、指導、支援等の業務を適時かつ適切に遂行していたか

[7]　社内サービスの提供部署・・・総務、人事、業務、法務、審査、主計、経理、財務、情報システム、環境保全、保安等
- 遂行中の業務が当該部署の業務目的に適合しているか
- サービス、助言、指導、支援等の業務を適時かつ適切に遂行しているか
- 当該部署の業務がサービスを受ける部署の満足を得ているか

6　外部監査の監査要点との違い

(1)　外部監査の監査要点

　外部監査人が確かめなければならない監査要点は、財務諸表における経営者の主張（assertionと言う）の真偽（財務諸表等規則及び会社計算規則等に準拠して適正に表示されているかどうか≒重要な誤謬及び粉飾又は逆粉飾が存在してないかどうか）である。

(2)　外部監査の具体的監査要点

　外部監査人が確かめなければならない監査要点は、日本の場合、次の6つである。

　[1]　実在性…実在しているか
　　取引及び会計事象が実際に発生し、資産及び負債が実際に存在しているか。
　　・取引及び会計事象が発生しているか
　　・資産及び負債が実在しているか

　[2]　網羅性…総てを記録しているか
　　取引、会計事象、資産、負債を総て記録しているか。
　　・取引及び会計事象を総て記録しているか
　　・資産及び負債を総て記録しているか

[3] 権利と義務の帰属…当該会社のものか

　計上されている資産に対する権利及び負債に対する義務は、会社に帰属するものか。
- 資産に対する権利は会社に帰属するものか
- 負債に対する義務は会社に帰属するものか

[4] 評価の妥当性…適切な金額で評価しているか

　収益及び費用並びに資産及び負債を適切な金額で評価しているか。
- 収益及び費用を適切な金額で評価しているか
- 資産及び負債を適切な金額で評価しているか

[5] 期間配分の適切性…当該期間に計上しているか

　取引、会計事象、収益、費用を、その帰属すべき適切な会計期間に配分しているか。
- 取引及び会計事象を適切な期間に配分しているか
- 収益及び費用を適切な期間に配分しているか

[6] 表示の妥当性…適切かつ十分に表示しているか

　貸借対照表、損益計算書、キャッシュ・フロー計算書に記載されている科目及び金額を財務諸表の表示に関する規則に従って適切に分類して正しく表示しているか。

　重要な製品又は商品の担保差入等の注記及び付属明細表の開示は、適切かつ十分なものか。
- 取引及び会計事象を適切な項目に分類し表示して正しく表示しているか
- 適切かつ十分に表示及び開示しているか（偽装又は隠蔽の有無）

(3) 外部監査と内部監査の監査要点の違い

　外部監査の監査要点とは、財務諸表上の重要な誤謬及び虚偽の表示の有無を確かめるための狙い所であり、定型のものがある。

　内部監査の監査要点とは、組織及び業務上の異常な事態の有無を確かめるための狙い所であり、定型のものはない。

> **column 6** サンドウィッチ伯爵
>
> 　sandwichは英国の第4代Sandwich伯爵の名前であると説明している英和辞典が少なからずあるが、そうではない。
>
> 　Sandwich伯爵とは、Sandwichという伯爵領を領有する伯爵（Earl of Sandwich）のことであり、その伯爵の名前は、John Montaguである。つまり、「会津藩主である松平容保」のように解釈すればよい。
>
> 　この間違いは、辞典の編纂者が収録してある総ての単語の意味を正確に理解しているのではないことを示している。
>
> 　伯爵がsandwichを考案したきっかけがカード・ゲームに熱中していたためと言われているが、その子孫は、海軍大臣の職が多忙であったためと否定している。
>
> 　Sandwichは、sand（砂）とwick（村落）が結合した「砂地の町」を意味する地名であり、古代ローマの最小行政単位であった村又は町を意味するラテン語vicusを語源とするアングロ・サクソン語の集落（単数形はwic、複数形はwicum）が変化したものである。

**異常性の感知及び
継続性等の検証の監査技術**

　異常性の感知、事業の継続性及び監査要点の検証、監査証拠の入手に有効かつ不可欠のものが監査技術及び監査手続である。

　監査人が監査証拠の合理的（効果的・効率的・経済的）入手のために適用する個別の技術的監査手段又は用具を**監査技術**と言い、個々の監査技術を複数組み合わせた検証の方法又は行為を**監査手続**と言うが、監査実務及び行為を総称して監査手続と言う場合もある。

　監査技術は、記帳及び記録等の正確性及び妥当性を確かめる手段又は監査証拠を入手する手段であり、その適用の一般性及び適用範囲の広狭性の観点から、**一般監査技術**と**個別監査技術**に区分される。

1　一般監査技術

　一般監査技術とは、会計帳簿における取引記帳の全般について、その正確性及び妥当性等を確かめる手段であり、以下のものがある。

(1)　証憑突合（しょうひょうつきあわせ）(checking of vouchers)

　証憑突合とは、領収書及び請求書等の証憑書類の適法性、信憑性、正当性を検査し、吟味し、証憑と関係帳簿記録を突き合わせ、個々の帳簿記録の正確性を確かめる監査技術である。

(2) 帳簿突合（ちょうぼつきあわせ）（checking of accounting records）

帳簿突合とは、証憑突合によって正確性が確かめられた証憑書類が会計基準に準拠して関係帳簿に正確に記入、転記、振替されているかどうかを確かめる監査技術である。

(3) 勘定突合（かんじょうつきあわせ）（checking of accounts）

勘定突合とは、相互に関連する関係帳簿の勘定を照合して当該勘定相互間の記録の正確性を確かめる監査技術である。

2　個別監査技術

個別監査技術とは、個々の重要勘定の正確性及び妥当性等を確かめる一般監査技術の補完的手段であり、以下のものがある。

(1) 監査先への事前アンケート

監査先への事前アンケートとは、監査先の規程の整備状況、業務の概要等の参考知識を得るために、予備調査の段階で、質問事項を記載した文書及び書式を監査先に送付して回答を求める監査手続である。

(2) 監査先の利用者へのアンケート

監査先の利用者への事前アンケートとは、社内サービス提供部署である監査先の業務に対する利用者の評価及び要望を把握するために、予備調査の段階で、質問事項を記載した文書を監査先の利用者に送付して回答を求める監査手続である。

この2種類のアンケートは、筆者が個別の監査実務において考案して使用した補助的監査技術であるが、有用であるから活用して戴きたい。

(3) 閲覧（えつらん）（careful reading）

閲覧とは、監査先の定款、株主総会、取締役会、経営委員会の議事録、監査役及び監査法人の監査報告書、社長及び経営幹部の引継書、稟議書、決裁書、証憑書類、会計帳簿、税務申告書、社内規程、基準、マニュアル等の記録を批判的にレビュー（査閲）し、監査先の現況、方針、重要施策、決議、規程等の内容を把握し、それらの正確性及び妥当性、事実との整合性、手続の準拠性を個別又は総合的に検討し、評価する監査技術である。

上掲の文書は例示であり、閲覧対象はその重要性を検討して選定する。

(4) 勘定分析（かんじょうぶんせき）（account analysis）

勘定分析とは、監査先の貸借対照表上の特定の勘定の借方及び貸方記入を勘定科目内容の構成要素別に分解し、分類、整理、分析により勘定の構成内容を明確にし、勘定記入及び勘定残高の正確性及び妥当性を確かめる監査技術である。

(5) 比較（ひかく）（comparison）

比較とは、2つ以上の書類、帳簿、記録、数値等を対比して観察し、差異を分析し、そこに見出す傾向性、類似性、異同性、不規則性等を基に一定の方向、傾向、趨勢、異常点等を把握する監査技術である。

(6) 年齢調べ（ねんれいしらべ）(aging)

　年齢調べとは、英語のagingの和訳であり、例えば、売掛金残高に対して滞留債権の有無を調査して、売掛金の内容、売掛金の実在性、売掛金の回収の可能性、設定した貸倒引当金額の妥当性等を確かめる監査技術である。

(7) 趨勢分析（すうせいぶんせき）(trend analysis、tendency analysis)

　趨勢分析とは、財務諸表項目毎の数値について、個々に又は一定のグループ毎に一定期間の比較を行なう変動分析手法である。
　一定期間の趨勢（傾向）の把握においては、実数による比較だけでなく、比率による比較を併用することにより、効力が高まる。

[1] 実数分析（じっすうぶんせき）(real number analysis)
　実数分析とは、比率分析と対比される財務諸表分析の1つであり、分析過程で比率を使用せず、財務諸表の実数をそのまま使用する分析手法である。

[2] 比率分析（ひりつぶんせき）(ratio analysis)
　比率分析とは、実数分析と対比される財務諸表分析の1つであり、財務諸表上の実数を相対的な比率におき直した分析手法である。

　趨勢分析の具体的実施要領については、Ⅲ　監査手続の具体的要領　3　異常性／健全性を検証する監査手続の要領で解説する。

参考：趨勢分析の年次推移表の例示

(単位：Metric ton、1,000円)

項目			2014年度	2015年度	2016年度	2017年度	2018年度
金額	売上高	年間	7,076,794	8,842,442	12,446,098	15,102,321	18,122,785
		月間	589,733	736,870	1,037,175	1,258,527	1,510,232
		趨勢	1.00	1.25	1.76	2.13	2.56
	売上原価	年間	4,897,128	6,070,732	8,652,064	10,555,141	12,983,926
		月間	408,094	5,05,894	721,005	879,595	1,081,994
		趨勢	1.00	1.24	1.77	2.16	2.65
	総利益	年間	2,179,666	2,771,710	3,794,034	4,547,180	5,138,859
		趨勢	1.00	1.00	1.00	1.00	1.00
		総利益率	0.31	0.31	0.30	0.30	0.28
	売掛債権	期末残高	1,179,466	1,473,740	2,304,915	2,893,904	3,659,075
		趨勢	1.00	1.25	1.95	2.45	3.10
		掛売月数	2.00	2.00	2.22	2.30	2.42
		遅延月数	0.00	-0.00	0.22	0.30	0.42
	棚卸資産 製品	期末残高	4,36,395	5,08,835	707,996	727,885	8,00,674
		趨勢	1.00	1.17	1.62	1.67	1.83
		在庫月数	1.07	1.01	0.98	0.83	0.74
	棚卸資産 材料	期末残高	85,1207	931,126	1,131,898	884,132	1,016,752
		趨勢	1.00	1.09	1.33	1.04	1.19
		在庫月数	2.09	1.84	1.57	1.01	0.94
	棚卸資産 合計	期末残高	128,7602	1,439,961	1,839,894	1,612,017	1,817,425
		趨勢	1.00	1.12	1.43	1.25	1.41
		在庫月数	3.16	2.85	2.55	1.83	1.68
数量	売上数量	年間	79,026	90,888	104,555	120,313	148,392
		月間	6,586	7,574	8,713	10,026	12,366
		趨勢	1.00	1.15	1.32	1.52	1.88
	棚卸資産 製品	期末残高	4,830	5,142	5,747	5,634	6,197
		趨勢	1.00	1.06	1.19	1.17	1.28
		在庫月数	0.73	0.68	0.66	0.56	0.50
	棚卸資産 材料	期末残高	13,869	13,909	13,791	10,381	11,938
		趨勢	1.00	1.00	0.99	0.75	0.86
		在庫月数	2.11	1.84	1.58	1.04	0.97
	棚卸資産 合計	期末残高	18,699	19,051	19,538	16,015	18,135
		趨勢	1.00	1.02	1.04	0.86	0.97
		在庫月数	2.84	2.52	2.24	1.60	1.47
単価	棚卸資産 製品	期末残高	90,351	98,957	123,194	129,195	129,195
		趨勢	1.00	1.10	1.36	1.43	1.43
	棚卸資産 材料	期末残高	61,377	66,947	82,078	85,172	85,172
		趨勢	1.00	1.09	1.34	1.39	1.39
	棚卸資産 合計	期末残高	68,861	75,587	94,172	100,660	100,217
		趨勢	1.00	1.10	1.37	1.46	1.46

前頁に趨勢分析の年次推移表を例示したが、その作成に当たっては次の工夫が必要である。
① 売掛金の回収遅延の有無と趨勢を把握するため、「遅延月数」の欄を設ける。
② 棚卸資産を「製品」と「原材料」に区分する。
③ 棚卸資産については、「金額欄」だけでなく「重量欄」も設ける。
③ 適正在庫月数が設定されている場合は、「適正月数」の欄を設ける。
④ 数値の減少を識別しやすくするため、マイナスの場合に赤字表示となるように設定する。
⑤ 注目すべき項目毎の数値を見やすくするため、当該欄に異なる色をつける。

(8) 面談（めんだん）、インタビュー（interview）

　面談とは、監査人が面談相手に質問をして回答を貰い、回答内容の裏付資料を入手して事実か否かを確認する一連の行為である。

　　　面談＝質問＋証拠の入手⇒事実の確認

(9) 実査（じっさ）（physical examination）

　実査とは、実物検査の略であり、手元現金、預金、小切手、手形、有価証券、商品等の資産の期末残高の実在性、金額及び数量の妥当性、品質、物理的性質、状態等を監査人が実地で実物を確かめる監査技術である。
　尚、実地監査を実査と呼ぶのは、誤りである。

(10) 確認（かくにん）（confirmation）

確認とは、監査先の預金、受取手形、売掛金、支払手形、買掛金、棚卸資産等について、監査人が監査先の預貯金先、取引先、保管先、弁護士等の第三者に文書で問い合わせ、文書による回答を得ることにより、金額、数量、種類等の正否を確かめる監査技術である。

3 分析的手続

分析的手続（analytical procedures）とは、財務データの相互間又は財務データ以外のデータと財務データの間に存在する関係を利用して、金額、比率、傾向等の財務情報の推定値と会社の財務諸表の数値を比較することにより、後者の信頼度を確かめる監査手続である。

外部監査人が使用する分析的手続は大型コンピュータで複雑な数式を計算したり推移表を作成したりするものである。

内部監査においては、実数分析と比率分析を組み合わせた趨勢分析を適用して年次推移表及び月次推移表を作成し、数値の異常な変動（上下へのぶれ）の感知及び事業の継続能力の有無（利益が常に右肩上がりで推移しているかどうか）の確認等をすればよい。

4 予備調査で適用する監査技術

予備調査の段階で適用可能な監査技術としては、通常の適用順に述べると、アンケート、閲覧、勘定分析、突合、比較、年齢調べ、趨勢分析等がある。

5　本格監査で適用する監査技術

本格監査の段階で適用可能な監査技術としては、面談、閲覧、実査、勘定分析、突合、比較、年齢調べ、趨勢分析等がある。

監査技術は、単独で適用するのでなく、要証命題（証明を必要とする命題）に最適のものを、単独で部分的に適用する若しくは全面的に適用する又は複数を組み合わせて（監査手続として）適用することにより、有力証拠資料の収集が可能となる。

---

column7　天津丼と天津甘栗

　天津丼は、天津発祥の料理と思われがちであるが、天津はおろか中国のどこにもない、太平洋戦争後に日本で創作された中華風料理である。

　天津甘栗も、天津名物の焼栗と思われているが、中国に天津甘栗と呼ばれるものはないし、天津は栗の産地ではない。

　天津甘栗という名称は、明治末期に中国で板栗と呼ばれている支那栗とその焼方が日本にもたらされたときに、その積出港が天津であったため、そのように呼んだことに由来する。

　因みに、有田焼がその輸入地で伊万里焼と呼ばれたのも、これと同様の理由による。

　中国では北京が板栗の名産地であり、砂糖シロップをかけてゆっくりと石焼したものを糖炒栗子と呼び、多くの人に好んで食されている。

 # 監査手続の具体的実施要領

　第1章のⅢで、経営に貢献する内部監査とは、経営者の懸念事項及び関心事を監査して、経営判断、全般的内部統制体制の整備、財務報告に係る内部統制の有効性の評価、内部統制報告書の作成等に有用な情報を提供することであり、経営者の懸念事項及び関心事は、基本的に以下の3つであると述べた。

① **予算の達成度**
　　経営目標が確実に達成されかつ会社の財産が保全されて、安定的かつ継続的に事業継続、雇用、配当ができるか。

② **リスク・マネジメントの有効性**
　　リスク・マネジメントの失敗によって多額の損失を計上し、継続企業としての存続能力を喪失する惧れはないか。

③ **コンプライアンスの有効性**
　　不祥事及び違法行為によって会社の信用を失墜し、継続企業としての存続能力を喪失する惧れはないか。

　それでは、上掲の3つの事項を題材に、予備調査で異常性を感知し、実地監査で異常な事態の実在を特定するのに有効な趨勢分析を中心に、主要な監査手続の適用要領を例示する。

以下に例示する月次推移表及び年次推移表は、紙面の都合上、実際に作成する期間よりも短いものになる上、異常性を容易に感知できるよう大まかな数字を記載することを予め承知して置いて戴きたい。

1　固有リスク、内部統制、統制リスクの評価の要領

①　閲覧等によって、重大な**固有リスク**を特定する。
　＊計画・目標・予算等を達成できないリスク
　　・過大な計画・目標・予算等に起因する。
　　・業務が有効・効率でないことに起因する。
　　・日常的モニタリングが有効でないことに起因する。
　　・需要の変動・競合者の出現等の環境の変化に起因する。
　　・リスク・マネジメントの不備に起因する。
　　・コンプライアンスの不備に起因する。
　＊多額の損失を被って事業の継続性を危うくするリスク
　　・リスク・マネジメントの不備に起因する。
　　　◦市場調査・信用調査・契約等の不備に起因する。
　　　◦リスク・コントロールの不備に起因する。
　　　◦日常的モニタリングの不備に起因する。
　　・コンプライアンスの不備に起因する。
　　・日常的モニタリングの不備に起因する。

　これが、第4章Ⅰの1　監査リスク・ベースの内部監査の実施手続の①で述べた、重大な固有リスクの感知である。

$$固有リスク（IR） - 内部統制（IC） = 統制リスク（CR）$$

最初から主力事業の継続性と成長性の検証とか新規事業の進捗状況と成否の検証等の、重点監査項目を設定している場合は、当該監査対象を選定する。

② 閲覧、突合、趨勢分析等により、重大な固有リスクに対する**内部統制の有効性**（重大な**固有リスク**を看過する可能性）を暫定評価する。
　＊日常的モニタリングの有効性
　　・予実差異（計画・目標・予算と実績の差異）の把握、差異原因の究明、対応措置の検討・指示等の有効性
　　・遂行業務の有効性・適切性の管理監督の有効性
　　　◦リスク・マネジメントの有効性の確認
　　　◦コンプライアンスの有効性の確認
　　　◦誤り及び過ちの有無の点検及び是正
　　・業務の進捗状況の十分性等の管理監督の有効性
　　・リスク・マネジメントの有効性の確認
　　・コンプライアンスの有効性の確認

　これが、同②で述べた、重大な固有リスクに対する内部統制の有効性の評価である。

$$固有リスク（IR）－ \textbf{内部統制（IC）} ＝ 統制リスク（CR）$$

③　以上の監査手続により、重大な**統制リスク**（内部統制の効かない＝日常的モニタリングが有効でないため補足及び是正できない、重大な固有リスク＝異常な事態をもたらすリスク）の種類及び補足できないリスクの程度を暫定評価して、重要な監査対象を絞り込む。

これが、同③で述べた重要な監査対象の絞込である。

$$固有リスク（IR）－ 内部統制（IC）= 統制リスク（CR）$$

④　暫定評価で統制リスクが高いと判断した固有リスクについて、実地監査において重点的に検証をする監査要点（ネガティブな事態を想定した仮説）として設定する（疑問及び懸念を仮説に纏める）。

これが、同④で述べた実地監査でその当否を検証する（異常な事態の効率的発見に有効な）監査要点の設定である。

⑤　統制リスクの暫定評価を基に、発見リスク（監査先の業務に潜在している異常な事態を監査で看過するリスク）の水準を推定する。

これが、同⑤で述べた発見リスクの水準の推定であり、発見リスクを合理的に低い水準に抑える監査手続を組み立てるために実施する。

$$統制リスク（CR）－ 監査（IA）= 発見リスク（DR）$$

⑥　監査要点の検証及び発見リスクの抑制等、実地監査を効率的かつ効果的に実施するための実地監査の監査手続（監査の実施手順）を組み立て、実施の範囲、時期、場所、面談者、適用する監査技術等を勘案して、監査実施手順書（監査プログラム）を作成する。

これが、同⑥で述べた監査実施手順書の作成であり、監査先の業務に潜在している異常な事態を効率的に発見するために実施する。

2　日常的モニタリングの有効性の評価の要領

予備調査における基本的業務である「日常的モニタリングの有効性の評価」は、例えば、以下の要領で実施する。

(1)　予算の達成度を検証する場合

利益の主要源泉が安定的・長期的に確保できる状況にあるか、新規の案件が順調に進捗しているかどうか等を検証する場合は、監査先組織の責任者及び上位者等が、恒常的に予実差異を把握し、差異発生の原因を究明し、差異の解消に有効な施策を実施しているか、効果は出ているかどうかについて、それらを立証する資料の提出を求めて調べる。

これらの業務が適切に為されていない場合、或いは求めた資料が提出されない場合は、日常的モニタリングを適切に実施していないこと及び経営目標（予算）の達成がおぼつかないことを意味する。

それだけでなく、日常的モニタリングを適切に実施していないということは、業務上の誤謬及び怠慢、更には業績の粉飾及び横領等の不正が為されても、発見はおろか牽制もできないことを意味する。

このような組織においては、部下による承認の申請並びに上司による点検及び承認も適切に実施しておらず、誤謬及び不正が起きるリスクが潜在している。

承認申請は事前に行なうべきものであり、事後承認は規程違反行為の追認を意味するので、事後承認という用語及び習慣は徹底的に排除しなければならない。

監査先の組織において日常的モニタリングを実施していない場合又は日常的モニタリングの有効性に疑義を持った場合は、当該組織の業績の推移について予実差異の有無を調べる必要がある。《3の(1)へ続く》
　その理由は、過差異の解消に有効な施策を実施していないと手遅れになり、計画・目標・予算の達成が困難となるからである。

(2)　リスク・マネジメントの有効性を検証する場合

　回収遅延明細表、支払遅延明細表、長期在庫明細表が作成されている場合は、それらを閲覧して回収遅延、支払遅延、長期在庫の有無を点検するとともに、それらの明細表にその原因と対処の方策等が記載されているかどうかを点検する。
　これらは、異常な事態を放置することにより発生する損失を予防するため並びに誤謬及び不正による異常な事態を感知するための警告リスト（ウォーニング・リスト）である。

- ＊回収遅延明細表は、貸倒れ損失の発生を予防するため及び不正な勘定処理を発見して是正するための警告リスト
- ＊支払遅延明細表は、不適正な勘定処理を発見して是正するための警告リスト
- ＊長期在庫明細表は、処分損失等の発生を予防するため及び不正な勘定処理を発見して是正するための警告リスト

　不正な勘定処理とは、誤謬及び不正（粉飾）による架空計上を意味する。
　不正な債権及び債務の勘定は決済が為されずに残り、不正な在庫も払出が為されずに残る。

これらの警告リストが何も記載されずまっさらな状態にあれば、当該組織の責任者及び上位者等が日常的モニタリングを全く実施していないこと（管理・監督義務を遂行していないこと）を意味する。

　このような場合は、年齢調べによって回収遅延及び長期在庫の有無を調べる或いは比較によって売上高と売掛金残高の整合性を調べる必要がある。《3の(4)へ続く》

　業績連動賞与の比率が高い会社及び成果主義を強く打ち出している会社の場合は、過剰なインセンティブとプレッシャーにより業績粉飾をする中間管理職や横領をする中間管理職が増えてきているので、業績の月間推移表を作成して調べる必要がある。《3の(1)へ続く》

(3) コンプライアンスの有効性を検証する場合

　2の(1)・(2)及び3の(1)・(4)と同様の監査手続を実施する。

　これまでは、経営者の3つの懸念事項及び関心事は（予算の達成度、リスク・マネジメントの有効性、コンプライアンスの有効性）についてかつそれら3つに区分して例示してきたが、実は3つに区分する必要はないのである。

　現代の実践的内部監査は、監査先の経営目標の達成、リスク・マネジメントの向上、コンプライアンスの確立等を支援することにより、事業目的の実現を支援するものであるが、これらを個別に実施するものではないし、これらを個々の監査テーマとして設定する必要もない。

　監査リスク・ベースの監査手法で網羅的予備調査を遺漏なく実施して異常性を感知することこそが重要である。

種々の監査手続を適用して実在する異常な事態を捕捉し、その実在を証明する監査証拠を入手し、原因を究明して異常な事態の実態を解明し、その抜本的解消に有効な施策を提言し、実現に導くことにより、経営に貢献するのであり、感知した異常性が経営目標の達成、リスク・マネジメントの向上、コンプライアンスの確立等の何れに関係するものであるかが明らかになる。

　これは、テーマ監査の弱点にも関係する。最初に、経営目標の達成の支援、リスク・マネジメントの向上の達成の支援、コンプライアンスの確立の達成の支援という個別の監査テーマを設定すると、当該テーマに関係する部分だけを注視するため、監査テーマの監査対象外に潜在している重大な統制リスクを看過する監査リスクを生むことになる。

　付言すると、以上に述べた理由から、不正の摘発を目的とする監査を実施する（又は監査テーマとして設定する）必要はないし、そのような監査は反発を招き、実効を上げることができない。
　繰返しになるが、現代の実践的内部監査においては異常性を感知することこそが重要である。異常性を感知して実在する異常な事態を捕捉し、その原因を解明することによって、不注意・怠慢による誤謬か、意図的違反・不正かが判明する。

　内部監査を円滑に（監査先から反発を受けずに）実施するためには、監査先の所属員が付与された任務を適切かつ有効に実施していることを証明するための業務であるという姿勢で監査に臨むことが肝要である。そうすれば、監査の過程で不正を発見したとしても、褒められることはあっても、嫌われることはない。

3　異常性／健全性を検証する監査手続の要領

(1)　予算の達成度を検証する場合

　以下は、2の(1)からの続きである。

　監査先組織において日常的モニタリングを実施していない場合又は日常的モニタリングの有効性に疑義を持った場合は、当該組織の業績の推移について予実差異の有無を調べる。

　その結果、総利益率の予算と実績について差異がある場合は、以下の要領で更に調べる。

(1)　予実差異の月次推移表を作成する。

(単位：百万円)

	項目	4月	5月	6月	7月	8月	9月	小計
実績	売上高	1,450	1,400	1,450	1,500	1,500	1,550	8,850
	売上原価	1,160	1,120	1,160	1,200	1,200	1,240	7,080
	総利益	290	280	290	300	300	310	1,770
	総利益率	20.0%	20.0%	20.0%	20.0%	20.0%	20.0%	20.0%
予算	売上高	1,450	1,450	1,450	1,500	1,500	1,500	8,850
	売上原価	1,160	1,160	1,160	1,200	1,200	1,200	7,080
	総利益	290	290	290	300	300	300	1,770
	総利益率	20.0%	20.0%	20.0%	20.0%	20.0%	20.0%	20.0%
差異	売上高	−	−50	−	−	−	50	−
	売上原価	−	40	−	−	−	−40	−
	総利益	−	−10	−	−	−	10	−
	総利益率	−	−	−	−	−	−	−

(単位：百万円)

	項目	10月	11月	12月	1月	2月	3月	小計	合計
実績	売上高	1,550	1,500	1,550	1,600	1,600	1,700	9,500	18,350
	売上原価	1,240	1,200	1,240	1,280	1,280	1,330	7,570	14,650
	総利益	310	300	310	320	320	370	1,930	3,700
	総利益率	20.0%	20.0%	20.0%	20.0%	20.0%	21.8%	20.3%	20.2%
予算	売上高	1,550	1,550	1,600	1,600	1,650	1,650	9,600	18,450
	売上原価	1,240	1,240	1,280	1,280	1,320	1,320	7,680	14,760
	総利益	310	310	320	320	330	330	1,920	3,690
	総利益率	20.0%	20.0%	20.0%	20.0%	20.0%	20.0%	20.0%	20.0%
差異	売上高	－	－50	－50	－	－50	50	－100	－100
	売上原価	－	40	40	－	40	－10	110	110
	総利益	－	－10	－10	－	－10	40	10	10
	総利益率	－	－	－	－	－	1.8	0.3	0.2

　上記の場合は、3月度実績の総利益率の増加という異常性に着目し、売上原価の圧縮という業績粉飾の存在を疑う。

　この表は、必要最小限の項目を対象とした実数分析だけの単純な業績推移表であるが、総利益率の欄を設けることによって、差異の点検だけでは難しい異常な変化の感知が容易になることの例示である。

　上記は、総利益重視の会社において、目標の売上高は達成できなかったが総利益は達成したように実績を水増しした事例である。

　因みに、横領の場合は、架空の原価及び／又は費用を計上するので、総利益率が予算よりも低くなる。

前記の場合は、当該勘定処理の購買契約書若しくは購買注文書・購買原価又は在庫原価又は製造原価又は諸掛明細表等との突合又は当該勘定処理と同一の商品の他の勘定処理との比較という監査技術を適用して、当該勘定処理の適正性を調べる。

　上記の解説で「…購買原価又は在庫原価又は製造原価…」と記載した理由は、購買した商品を直送したか、在庫から払い出したか、製造した商品を出荷したかによって当該原価の呼称が異なるからである。

　前記と異なり、総利益よりも売上高も重視する会社の場合は、以下の観点及び要領で、業績粉飾の有無について調べる。尚、売上高重視は、逆に総利益の低下を招くので、総利益重視に改める必要がある。

(2) 販売実績の月次推移表を作成する。

(単位：百万円)

	項目	4月	5月	6月	7月	8月	9月	小計
実績	売上高	1,450	1,400	1,450	1,500	1,500	1,550	8,850
	売上原価	1,160	1,120	1,160	1,200	1,200	1,240	7,080
	総利益	290	280	290	300	300	310	1,770
	総利益率	20.0%	20.0%	20.0%	20.0%	20.0%	20.0%	20.0%
予算	売上高	1,450	1,450	1,450	1,500	1,500	1,500	8,850
	売上原価	1,160	1,160	1,160	1,200	1,200	1,200	7,080
	総利益	290	290	290	300	300	300	1,770
	総利益率	20.0%	20.0%	20.0%	20.0%	20.0%	20.0%	20.0%
差異	売上高	−	−50	−	−	−	50	−
	売上原価	−	40	−	−	−	−40	−
	総利益	−	−10	−	−	−	10	−
	総利益率	−	−	−	−	−	−	−

(単位：百万円)

	項目	10月	11月	12月	1月	2月	3月	小計	合計
実績	売上高	1,550	1,500	1,550	1,600	1,600	1,850	9,650	18,500
	売上原価	1,240	1,200	1,240	1,280	1,280	1,480	7,720	14,800
	総利益	310	300	310	320	320	370	1,930	3,700
	総利益率	20.0%	20.0%	20.0%	20.0%	20.0%	20.0%	20.0%	20.0%
予算	売上高	1,550	1,550	1,600	1,600	1,650	1,650	9,600	18,450
	売上原価	1,240	1,240	1,280	1,280	1,320	1,320	7,680	14,760
	総利益	310	310	320	320	330	330	1,920	3,690
	総利益率	20.0%	20.0%	20.0%	20.0%	20.0%	20.0%	20.0%	20.0%
差異	売上高	−	−50	−50	−	−50	200	50	50
	売上原価	−	40	40	−	40	−160	−40	−40
	総利益	−	−10	−10	−	−10	40	10	10
	総利益率	−	−	−	−	−	−	−	−

　上記の場合は、月次実績の増加の異常性に着目し、納品受領書の有無等で売上の実在性（架空計上及び先食い計上の有無）を調べる。

　業績粉飾の手法として、架空計上だけでなく、押込販売（翌期売上の先食い計上）がある。この場合は、当該売掛金が期日通りに入金しないので、回収遅延の有無を調べる。

　業績粉飾は期末に行なわれ翌期初に取り消されるので、この点に留意して、翌期初に取消計上があれば、当期末の原始計上との突合により、当該処理の有無を調べる方法もある。

　以上の通り、適切な監査手続の適用により、予算の達成度を検証する過程で、業績粉飾という不正行為も発見できる。

(2) 主力事業の継続性を検証する場合

　経営者のその他の懸念事項及び関心事の１つとして、予算の達成度の派生形としての、主力事業の継続性がある。
　会社の利益の大部分を稼ぎ出す主力事業（これを主力商品と置き換えてもよい）の継続性の検証は、以下の観点及び要領で実施する。

　主力事業の売上高、売上原価、総利益、総利益率の項目を対象とした過去５年間（最低限３年間）の業績と向こう３年間の中期計画の業績の年次推移表を作成する。
　実数分析だけの場合は「増減比較」の欄が必要であるが、比率分析を加えることによって、それが不要となり、かつ異常性（異常な変化）の感知だけでなく、趨勢の感覚的把握が容易になる。

（単位：百万円）

項目	実績				中期経営計画	
	2015年	2016年	2017年	2018年	2019年	2020年
売上高	5,585	5,750	5,930	6,125	6,310	6,480
	1.00	1.03	1.06	1.10	1.13	1.16
売上原価	4,468	4,600	4,755	4,925	5,110	5,320
	1.00	1.03	1.06	1.10	1.14	1.19
総利益	1,117	1,150	1,175	1,200	1,200	1,160
	1.00	1.03	1.05	1.07	1.07	1.04
総利益率	20.00%	20.00%	19.81%	19.59%	19.02%	17.90%

　上記の場合は、①売上高伸び率が低下傾向にあり、かつ②売上原価率伸び率が高いため、③総利益率が低下傾向にあるので、事業の継続性に疑義があると評価する。

この場合は、収益率悪化原因を究明し、面談を実施して回復の具体的方策を聴取して、その現実性・可能性・合理性を検討する。
　それだけでなく、中期経営経過に無理があることも懸念されるので、達成可能性を更に検討する必要があるが、監査証拠の入手が難しいので、その場合は、相手の説明が理に適っているかどうかを検討する。

(3)　新規事業の進捗状況を検証する場合

　経営者のその他の懸念事項及び関心事の1つとして、予算の達成度の派生形としての、**新規事業の進捗状況**がある。
　この検証は、以下の観点及び要領で実施する。

　立上げ以来の業績の予実差異を、月次推移表として纏める。

(単位：百万円)

	項目	4月	5月	6月	7月	8月	9月	合計
実績	売上高	1,350	1,400	1,500	1,600	1,650	1,650	9,150
	売上原価	1,080	1,120	1,200	1,280	1,320	1,320	7,320
	総利益	270	280	300	320	330	330	1,830
	総利益率	20.0%	20.0%	20.0%	20.0%	20.0%	20.0%	20.0%
予算	売上高	1,500	1,500	1,500	1,600	1,600	1,600	9,300
	売上原価	1,200	1,200	1,200	1,280	1,280	1,280	7,440
	総利益	300	300	300	320	320	320	1,860
	総利益率	20.0%	20.0%	20.0%	20.0%	20.0%	20.0%	20.0%
差異	売上高	−150	−100	−	−	50	50	−150
	売上原価	120	80	−	−	−40	−40	120
	総利益	−30	−20	−	−	10	10	−30
	総利益率	−	−	−	−	−	−	−

前記の場合は、予算未達ではあるが挽回しつつあるので、3か月後に実績の提出を求めてフォロー・アップする。その結果、予実差異が拡大する傾向にある場合は、新規事業の成否の再検討を提言する。

(4) 債権管理の有効性を検証する場合

以下は、2の(1)からの続きである。
警告リストがまっさらな状態にある場合は、年齢調べを適用して回収遅延の有無を調べる又は比較を適用して売上高と売掛金残高の整合性を調べる。

この監査手続は以下の要領で実施するが、これらは予備調査において適用する監査の基本事項である。

① 回収遅延明細表で回収未済債権の有無を調べる。

② 回収遅延明細表が作成されていなければ、年齢調べを適用する方法があるが、相当の時間を必要とするので、比較を適用して売上高と売掛金残高の整合性を調べる。

　(1) 貸借対照表の売掛金残高と月次売上高を比較する。月次売上高を入手できない場合は、損益計算書の売上高を12で割って月間平均売上高を算出し、売掛金残高と突き合わせる。

　(2) 掛売期間が2か月の場合、売掛金残高月間平均売上高の2倍程度であれば異常な事態は起きていないと考える。

(3)　例えば、2.5倍であった場合は、異常な事態が起きているのではないかと疑って、更に詳しく調べる。

　　この場合に、0.5か月の回収遅延があると考えるのは、早計である。何となれば、売先が1社ではないからである。

(4)　この場合は、期末とその前月の売上高を算出し、貸借対照表の売掛金残高と突き合わせる必要がある。

(5)　この結果も2.5倍であった場合は、異常な事態が起きている可能性が高いので、追加的監査手続を適用して、監査要点として設定する。

　この原因としては、以下のものが考えられる。
- 入金しているが、未振当で消込が行なわれず、仮受金と売掛金の両建となっている。
- 回収遅延が発生している。
- 誤謬又は不正により、架空債権が計上されている。

追加的監査手続は、以下の要領で実施する。

(1)　貸借対照表を閲覧して、仮受金の有無を調べる。

(2)　年齢調べを適用して、期末までに回収済であるべき売掛金で未回収のもの（決済期日又は勘定起用日の古いもの）を捕捉する。

(3)　勘定処理明細表を閲覧して、重複した勘定処理及び巨額の勘定処理の有無を調べる。

これらは地道な作業を必要とするが、実在する異常な事態を必ず捕捉できるし、その原因の解明によって、不注意・怠慢による誤謬か意図的違反・不正かが判明する。

(5) 在庫管理の有効性を検証する場合

　3の(1)で監査先組織において日常的モニタリングを実施していない場合又は日常的モニタリングの有効性に疑義を持った場合の当該組織の業績の推移について予実差異の有無を調べる要領を例示した。
　ここでは、同様の場合に在庫の推移について予実差異の有無を調べる要領を例示するが、これは2の(2)からの続きでもある。

　売上と在庫の予実差異の月次推移比較表を作成する。
　この推移比較表の場合は、「比率分析」の欄ではなく「在庫月数」の欄を設けることにより、異常性の感知が容易になる。

（単位：千個／千枚／MT等）

	項目	4月	5月	6月	7月	8月	9月	合計	平均
実績	売上数量	300	325	320	305	280	270	1,800	300
	在庫数量	310	310	320	320	330	330	1,920	320
	在庫月数	1.03	0.95	1.00	1.05	1.18	1.22	1.07	1.07
予算	売上数量	310	310	320	320	330	330	1,920	320
	在庫数量	310	310	320	320	330	330	1,920	320
	在庫月数	1.00	1.00	1.00	1.00	1.00	1.00	1.00	1.00
差異	売上数量	−10	15	−	−15	−50	−60	−120	−30
	在庫数量	−	−	−	−	−	−	−	−
	在庫月数	0.03	−0.05	−	0.05	0.18	0.22	0.43	0.07

前記の場合は、売上予算に基づき在庫手当をしたが予算未達のために過剰在庫となったことがわかる。

斯かる場合は、売上予算の再検討及び在庫の圧縮（製造／仕入数量の低減）を早急に実施するよう提言するとともに、日常的モニタリングの重要性を認識させて、その適切な実施に導く。

(6) 在庫管理上の留意事項

B to B取引の場合は、売買契約＝商品受渡とはならないので、注意を要する。

* ＊購買契約を締結しても直ぐに入荷しない場合、当該商品を未入荷品として記録する。
* ＊購買契約の締結時点で販売契約が未済の場合、当該商品を未売約品として記録する。
* ＊買注文が入ると、受注日と納品日が同じ場合、在庫中の商品から該当する品目を摘出して出荷するが、受注日と納品日が異なる場合は、当該品目の記録を未売約品から売約品に変更し、出荷日まで在庫処理をして保管する。

上述の通り、理論上の在庫には、未売約品又は未引当品と売約品又は引当品の２種類がある。

同様の事由で、実際上の在庫にも未売約品と売約品の２種類がある。

前述の事由から、B to B取引の場合は契約と受渡に時差があるため、理論上の在庫残（在庫数量）と実際上の在庫残が異なる。

斯かる場合に、未売約品と売約品を明確に区分し、理論上の在庫残と実際上の在庫残を適時かつ正確に把握しておかないと、以下の誤処理をもたらすリスクが発生する。

＊実在庫残を見ず未売約残だけを見て受注することから、納期の遅延、違約金の支払、注文の取消等が発生するリスク
＊未入庫残を見ず実在庫残だけを見て発注することから、実需を遥かに上回る過剰在庫となり、滞留在庫、在庫処分等が発生するリスク

このような在庫取引の誤処理の発見に必要な、理論上と実際上の在庫の関係、買約残の未受入残、売約残の未引渡残、未売約残と実在庫残の関係を以下に例示する。

(1) 受発注、受渡、受発注残の推移

(単位：千個)

年月日	発注残（買約残）			受注残（売約残）		
	発注	受入	未受入残	受注	引渡	未引渡残
2018. 4. 10	500	0	500	150	0	150
2018. 4. 20		160	340	150	150	150
2018. 4. 30		170	170	160	150	160
2018. 5. 10	500	170	500	160	160	160
2018. 5. 20		160	340	170	160	170
2018. 5. 31		170	170	170	170	170
2018. 6. 10	600	170	600	180	170	180
2018. 6. 20		190	410	180	180	180
2018. 6. 30		200	210	190	180	190
計／残	1,600	1,390	210	1,510	1,320	190

(2) 受発注と受発注残の推移

(単位：千個)

年月日	理論上の在庫（契約ベース）			実際上の在庫（受渡ベース）		
	発注	受注	未売約残	入庫	出庫	実在庫残
2018. 4. 10	500	150	350	0	0	0
2018. 4. 20		150	200	160	150	10
2018. 4. 30		160	40	170	150	30
2018. 5. 10	500	160	380	170	160	40
2018. 5. 20		170	210	160	160	40
2018. 5. 31		170	40	170	170	40
2018. 6. 10	600	180	460	170	170	40
2018. 6. 20		180	280	190	180	50
2018. 6. 30		190	90	200	180	70
計／残	1,600	1,510	90	1,390	1,320	70

例示(1)中の受入と例示(2)中の入庫は、同一のものであり、例示(2)中の受注と出庫は同一のものであるが、受入と入庫及び受注と出庫の日付が異なる（時間的ずれがある）ことを理解することが肝要である。

(7) 異常な事態の発見の重要性

現代の実践的内部監査は、自社及び子会社等の事業目的の実現を支援するための健康診断及び加療上の助言であり、不正の摘発ではないが、異常性を感知して究明し、異常な事態を捕捉することにより、業務上のムリ、ムラ、ムダ、誤謬、問題、潜在している未対処の重大なリスク、内部統制の態勢の不備だけでなく、不正の発見も可能となる。

第 5 章

内部監査組織の業務

　真に実効をもたらす内部監査を実施するための重要な要素は、監査の頻度ではなく、検証の範囲、深度、濃度、つまり監査の有効性である。
　内部監査の品質は、形式的要件を具備しているか否かではなく、監査リスクの有無及び監査の実効性の有無で評価しなければならない。
　実効をもたらす内部監査の検証は、監査対象が形式的要件を充足しているかどうかでなく、金銭的及び評判的損失をもたらす異常な事態を内包していないかどうかという観点で実施しなければならない。
　内部監査の実効を上げるためには、有効な検証だけでなく、相手を納得させる監査意見の伝達が必要である。

Ⅰ 内部監査組織の主要業務

　内部監査組織の主要業務を、3月決算の会社かつ2か月の監査期間の場合を想定して、フロー図で表すと、以下の通りである。

（組織責任者等、監査人、両者の業務をそれぞれ◎、○、●で表示）

1月中	◎年度監査方針の策定及び取締役会への付議
1月中	◎個別監査の公表（＝監査先毎の担当監査人の任命）
2月中	○事前的予備調査の実施、○監査業務計画書の作成 ○監査実施通知書の送付
3月中	○必要資料及び情報の入手
4月上旬～中旬	○本格的予備調査の実施、○往査実施通知書の送付
4月中旬	○監査実施手順書の作成、監査予備調書の作成・提出
4月中旬	●往査事前説明会の開催、（●監査先主管者との面談）
4月下旬	○実地監査の実施
5月上旬	●監査概要報告会の開催、（○監査先主管者への説明）

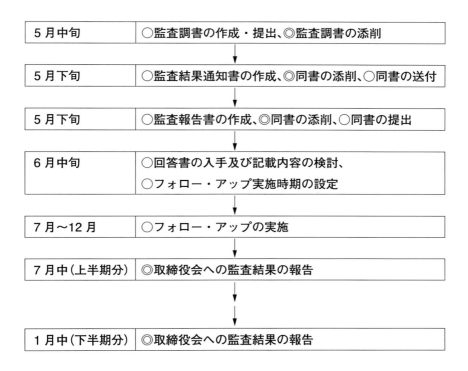

上掲のフロー図では第 1 回の個別監査の業務だけを記載しているが、この間に、以下の通り、第 2 回から第 6 回の個別監査も実施される。

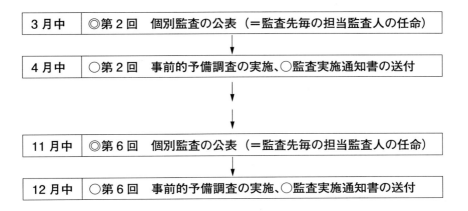

監査組織責任者等の主要業務

　監査計画、監査品質の管理及び評価、業績の評価等の主要業務の実施要領について、3月決算の会社で2か月をかけて監査を実施する場合を想定して、具体的に解説すると、以下の通りである。

1　内部監査の基本方針

　監査組織責任者等は、1月末までに翌年度に実施する内部監査の基本方針を策定し、取締役会の承認を取得する。

(1)　内部監査基本方針の構成要素と策定要領

[1]　監査目標

　当年度の個別監査で把握した異常な事態並びに同業他社で発覚した損失及び不祥事等を勘案して、翌年度に実施する個別監査で重点的に検証、発見、解消すべき主要な監査目標を設定する。

　重点的に検証する事項として、例えば、以下の体制及び態勢の不備及び違反の有無がある。

＊労務管理
- 法定労働時間を超える残業
- サービス残業処理

＊情報管理
- システム・セキュリティ
- 情報の持出
- 情報の漏洩

＊ラベル表示
- 偽装

＊毒劇物の管理
- 混入
- 漏出

＊安全保障貿易管理
- 提出漏れ
- 記載漏れ

＊産業廃棄物処理
- 無許可の業者への委託

＊内部統制評価
- 表層的評価
- 形式的評価
- 主観的評価（非客観的評価）

[2] 監査基本計画

翌年度に実施する個別監査の基本計画を作成する。

＊個別監査の実施件数の決定
＊監査先の決定

　監査基本計画においては、監査先及び実施時期等を変更の都度取締役会に付議しなくてもすむよう、○○部、○○会社、他××件と記載する。

経営に貢献する適切な監査計画の立案のためには、経営者からの重要情報の適時かつ的確な収集が必要不可欠である。

　実効を上げて経営に貢献する内部監査は、以下に述べる事由で、3年毎に1回の頻度で、2か月をかけて、実施するのが適当である。

＊監査リスク・ベースの監査では、頻度よりも、濃度が重要である。
  ・点だけを追う検査は1か月間に何件も実施可能であるが、実効を上げる多面的・複合的監査を実施するためには2か月を要する。
  ・継続企業としての存続を危うくする重大な事業リスクは、検査を実施しても容易に発見できるものではない。
  ・多額の損失及び不祥事等をもたらす要因をはらんで潜在している事業リスクは、現代の実践的内部監査を適切かつ有効に実施しなければ、容易に発見できるものではない。
＊内部監査を毎年実施しても、期待した効果が上がらないどころか、以下のような、逆効果をもたらすリスクが高くなる。
  ・監査頻度を高めると（＝監査周期を短縮すると）、十分な検証ができなくなり、監査リスクを高める。
  ・監査人が、昨年の監査で或いは熟練の監査人が監査を実施しても何も出てこなかったのだから監査先に異常な事態がない筈と決め付け、異常な事態が潜んでいても発見できない。
  ・監査先が、毎年監査づけで業務に支障が出るとの不満を持つ。

[3]　監査要員計画
　向こう3年間の監査計画及び監査人の異動を勘案して、監査要員の確保のための計画を作成する。

[4] 監査要員育成計画

　向こう３年間の監査人の異動を勘案して、監査要員の育成のための計画を作成する。

[5] 監査費用計画

　向こう３年間の給与、賞与、監査要員育成費用、個別監査実施費用（監査実施件数、監査先所在地、往査件数、出張費用等）を勘案して、監査費用計画を作成する。

(2) 　監査実施計画の構成要素と作成要領

　内部監査組織責任者等は、１月末までに翌年度に実施する内部監査の実施計画を作成する。

[1] 構成要素

　監査実施計画の構成要素は、翌年度に実施する個別内部監査についての、実施月毎の監査先及びその実施担当者である。

[2] 作成要領

　監査実施計画は、監査先の数、重要度、優先度、難易度、リスク度、監査人の数、熟練度、重点的検証事項、経営者執行責任者及び監査役等の要望を総合的に勘案し、監査リスク・ベースの手法で作成する。

　監査リスク・ベースの手法による監査計画の作成要領については、第３章のⅢの２を参照されたい。

　前述の監査基本計画は、この監査実施計画の一部を監査基本方針に転写したものである。

2　内部監査の品質の評価

　健全かつ継続的発展という事業目的の実現を支援して経営に貢献する内部監査の継続的実施のためには、その品質の管理及び評価が不可欠であり、内部監査組織の責任者等は、個別監査毎の品質の管理及び評価を適切に行なって、その職務を果たさなければならない。

　以下において内部監査の品質管理及び品質評価について解説するが、読者の理解を容易にするために順序を変え、品質の評価から開始する。

(1)　内部監査の品質

　監査意見が、関係者に信頼され、監査先に受け入れられ、その実効を上げるためには、内部監査が適切な基準に準拠し、一定の水準以上で、実施されなければならない。

　この観点で実施する内部監査の有効性の評価を内部監査の品質評価と言い、IIAの『内部監査の専門職的実施の国際基準』（以下、IIA基準と略す）は、その目的として以下の３つを掲げている。

* ＊内部監査活動の有効性の評価
* ＊IIA基準の遵守状況の評価
* ＊内部監査機能の向上のための勧告及び助言の提供

　IIA基準は、内部監査の責任者にその品質保証を求めており、上掲の「内部監査活動の有効性の評価」はその目的に合致するものである。

(2) 品質評価の種類

IIA基準は、内部監査の品質評価を以下の通り区分している。

[1] 内部評価
　これは組織体内部の者による評価であり、IIA基準は以下の2つの併用による実施を求めている。

- 内部監査組織内部者（監査部長等）による自己評価
　これは、内部監査活動の同時進行的レビューを意味している。
- 内部監査組織外部者（監査役等）による独立的評価
　これは、自己評価又は内部監査実務及び基準に関する知識を持つ組織体内部でかつ内部監査組織外部の者によって実施される定期的レビューを意味している。

[2] 外部評価
　これは内部監査組織外部の者による評価であり、IIA基準は以下の2つの何れかによる最低限5年に1度の実施を求めている。

- フル外部評価
　これは、組織体外部の第三者による独立的評価を意味している。
- 自己評価と独立的レビュー
　これは、組織体外部の適格かつ独立のレビュー実施者が、組織体内部者の実施した自己評価について検証し、かつ内部評価・定期的レビューの評価者が評価するレビューを意味している。

IIA基準に記載されている品質評価の基準、対象、手法（その殆どがインタビュー及びアンケート調査）等については、膨大に過ぎるので、省略する。

　以上が内部監査の品質評価に関するIIA基準の解説であるが、日本の内部監査の実情を勘案すると、外部評価の実施は容易ではない。
　更に、有資格者が実施したからといって、その外部評価が真に有効であるとは限らない（その保証はない）ことに留意する必要がある。
　内部評価においても、監査人がどれだけ知識を持っているかどうか、どれだけ理解しているかどうかという形式的質問をしても意味がない。確かめるべき要点は、資格及び知識等を具体的に内部監査業務において活用及び発揮したかどうかである。
　内部監査組織責任者等の重要な職務は、自己評価自体の有効性の確保であるから、筆者が考案して採用した内部評価及び代替外部評価の手法並びに読者が応用できる手法等を、以下において紹介する。

(3)　内部評価の手法

　個別監査を実施の都度、以下の３つの、客観的かつ多面的内部評価を実施する。

[1]　監査手続の評価
　監査組織責任者等が、個別監査の監査人毎に、監査予備調書、監査概要報告書、監査調書、監査結果通知書、監査報告書という５種類の文書、往査事前説明会及び監査概要報告会における説明及び回答等の適切性及び十分性について、一定の評価項目に従って評価する。

[2] 相互評価

　個別監査の担当監査人が、相手方の監査に対する取組姿勢及び貢献度等を相互に評価して、その結果を監査組織責任者等に提出する。

[3] 総合評価

　監査組織責任者等が、監査人毎に、監査手続の適切性、監査能力、文書作成能力、取組姿勢、知識及び経験の水準、貢献度等を総合的に評価する。

　以上の３つの内部評価の結果は、人事評価の基礎資料となる。

(4) 代替外部評価の手法

　個別監査毎に、以下の２つの、客観的かつ多面的代替外部評価を実施する。

[1] 監査先による評価

　個別監査を実施の都度、監査先に対するアンケート調査を行ない、内部監査に対する満足又は不満足の度合、監査人の業務水準、態度、監査実施上の不都合等に関する意見を記載して貰う。
　この評価には以下の利点と弱点があることに留意する必要がある。

- 監査人が高品質の監査を心がける利点
- 監査人が評価を気にして手心を加えがちになる弱点

　監査先に酷評されたときは、監査組織責任者等が事実を調べる。

[2]　監査役及び監査役スタッフによる監査

　５年毎に１回の頻度で、個別監査の有効性について、監査役及び同スタッフ等による、以下の監査書類に対する監査を受ける。

　監査対象は、個別監査毎の、監査予備調書、往査事前説明会議事録、監査概要報告書、監査概要報告会議事録、監査調書、監査結果通知書、監査報告書、フォロー・アップ報告書の８種類である。

　この監査（代替外部評価）も監査役及び同スタッフが適格者でなければ、形式的評価に終わり、評価自体の有効性を確保できない弱点がある。

　有効な品質評価をできる熟練で適格な（有資格である必要はない）OBがいる場合は、同人に依頼すればよい。

3　内部監査の品質の管理

　監査組織責任者等の最も重要な職務は、内部監査の品質評価よりも、監査リスクを抑制しかつ監査の実効を上げるために不可欠の、日常的に行なう内部監査の品質管理（＝管理・監督・指導の業務）である。

　監査組織責任者等は、監査人に関する以下の事項について、日常的に内部監査の品質管理（点検、添削、指導）を実施する。

＊監査業務への取組姿勢
＊監査技能の修得及び活用
＊予備調査の実施
　・監査業務計画書の作成
　　◦計画内容（監査の進め方等の計画）の合理性、効率性

- 監査実施通知書の作成
  - 書式（記載項目等）の適切性
  - 計画内容（監査の日程、請求資料）の適切性、十分性
- 重大な固有リスク及びその内部統制の点検及び識別
  - 点検・識別業務の有効性、効率性
- 重大な固有リスク、内部統制、統制リスクの評価
  - 評価業務の有効性、効率性
- 監査目標及び監査要点の設定
  - 設定内容の有効性、十分性
- 監査範囲及び／又は監査項目の設定
  - 設定範囲・項目の妥当性、十分性
- 往査日程通知書の作成
  - 書式（記載項目等）の適切性
  - 記載内容（往査の場所・日程・時間割等）の適切性
- 監査実施手順書の作成
  - 書式（記載項目等）の適切性
  - 記載内容（監査の進め方等の計画）の適切性、合理性、効率性
- 監査予備調書の作成
  - 書式（記載項目等）の適切性
  - 記載内容（実施した予備調査、実地監査の実施手順、設定した監査要点及びその検証方法等）の適切性、合理性、効率性

＊実地監査の実施
- 監査要点の検証
  - 適用した監査技術及び手続の適切性、合理性、効率性
  - 実施した監査要点（の当否）の確認の有効性
  - 入手した監査証拠（及びその証拠力）の十分性

＊監査意見の形成
- 監査意見の検討
  - 監査証拠との突合による監査意見の吟味の有効性、十分性
- 監査調書の作成
  - 書式（記載項目等）の適切性
  - 記載内容（実施した予備調査及び実地監査、監査要点及びその検証、形成した監査意見及びその合理性の検討等）の適切性、合理性、十分性
- 監査結果通知書の作成
  - 書式（記載項目等）の適切性
  - 記載内容（監査結果の概要及び詳細、監査意見等）の適切性、合理性、十分性
- 監査報告書の作成
  - 書式（記載項目等）の適切性
  - 記載内容（監査結果の概要、監査意見等）の適切性、合理性
- 回答書の入手及び検討
  - 入手時期の適時性
  - 内容検討の十分性
- フォロー・アップの実施
  - 実施時期の適時性
  - 検証及び実効性の評価の十分性

　内部監査の品質の内部評価は品質管理の対象事項を監査人が適切に遂行したかどうかの評価であるから、その結果は、監査人の業績評価の基礎となる。

4　内部監査人及び内部監査組織上位者の業績評価

　内部監査の業績評価として、内部監査組織の責任者及び上位者による監査人の業績についての内部評価と内部監査組織責任者による内部監査組織の上位者の業績についての内部評価の2つがある。
　更に、最高経営執行者等による監査組織責任者の業績についての外部評価もある。

(1)　内部監査人の業績評価

　監査組織責任者等は、個別の内部監査を実施の都度及び各年度末に、実施した個別の内部監査業務の適切性、実効性、貢献度等を勘案して、監査人の業績を評価する。
　この評価においては、監査品質の管理の解説において掲載した事項に以下の事項を加えて検討する。

- ＊検証するために必要な能力
    - 異常な事態の発見に必要な注意力、感性、懐疑心
    - 適切な判断に必要な知恵、平衡感覚、一般常識
    - 監査リスクの抑制に必要な実証的取組能力
    - 監査意見の形成に必要な論理的思考能力
- ＊納得させるために必要な能力
    - 会話及び文章の表現力（論理性、説得力）
- ＊指導に対する応答の程度
- ＊同じ失敗を繰り返さない学習効果の程度

- ＊監査リスクの程度
  - 事実誤認の有無
  - 手抜、怠慢、不注意の有無
- ＊知識、経験、特技の活用の程度
- ＊担当した個別監査の難易度
- ＊監査品質の程度
- ＊監査目的への適合の程度（貢献度）

(2) 内部監査組織上位者の業績評価

　内部監査組織の責任者は、個別内部監査を実施の都度及び年度末に、当該年度に実施した監査人に対する管理・監督・指導の業務の適切性、実効性、貢献度を評価して、上位者の業績を評価する。

　この評価においては、監査品質の管理の解説に掲載した事項に以下の項目を加えて検討する。

- ＊個別監査（の進捗状況）の管理・指導の適切性、有効性、適時性
- ＊往査事前説明会及び監査概要報告会における質問・指導の適切性、十分性
- ＊主要文書の点検・添削の適切性、十分性

5　内部監査組織責任者の業績評価

　本章の主題から外れるが、内部監査組織の責任者の業績評価について付言すると、以下の通りである。

最高経営執行者等は、年度末に、当該年度に実施した内部監査業務の十分性、実効性、貢献度を勘案して、内部監査組織責任者の業績を評価する。

　この評価においては、以下の事項について検討する。

* 年度監査方針の適時性、適切性
  - 重要な事項及び緊急を要する事項の捕捉の適時的確性
  - 委託者（取締役会、最高経営執行者、監査役）の要求への適合の適時的確性
* 取締役会における説明・回答・報告の適切性、十分性
  - 付議事項の説明、質問への回答、監査結果の報告の簡潔明瞭性、合理性、十分性
* 実施した監査対象（事項）の網羅性、十分性
* 実施した監査結果の実効性、貢献度
* 期待ギャップの程度
  - 委託者及び被監査部署の期待との乖離の程度

　既述の監査役及び同スタッフ等による代替的外部評価は、監査品質の管理の解説で掲載した事項に上記の事項を加えて検討する。

column8　avenue、boulevard、rue

　筆者は、1979年に初めてNew Yorkに出張し、avenueとは南北に走る街路であり、streetとは東西に走る街路であると理解した。

　その後、boulevardという郊外を走る広い街道があることを知ったが、この発音に違和感を覚えた。この違和感は、1991年からParisに駐在し、仏語から流用したものであったことを知って氷解した。

　仏語でboulevardとは破壊した城壁跡に造った舗装道路であった。La SeineにあるCite島から発展したParisは、城壁で囲まれた都市であり、拡張の都度城壁を取り壊して道路としたので、地図でboulevardを辿れば、Parisがどのように脱皮して拡張してきたかがわかる。

　これがきっかけで興味を持ちavenueとrue（英語のstreet）を調べて、以下の事実を知った。

　avenueとは大通り、大街路、並木道であると英和辞典や仏和辞典等に書いてあるが、正確には、王族や貴族の館という特定の場所から礼拝堂や広場という別の特定の場所に至る特別道路を意味し、道路の方角や拡幅、並木の有無とは無関係である。

　高貴な人達が通る道路故に並木を植えてあり広いのが通例だが、並木のない通りや一般道路であるrueよりも狭い小道もある。

　この間違いも、辞典の編纂者が収録してある総ての単語の意味を正確に理解しているのではないことを示している。

第 6 章

内部監査実施上の留意事項

　実効をもたらす内部監査を実施するために留意すべき事項は、基本的に以下の3つである。
　予備調査を網羅的に行ない、適切な監査目標及び監査要点を設定する。
　実地監査で監査証拠を入手して事実であるかどうかを確かめるとともに、実施中の監査手続で実効をもたらすことができるかどうかについて、適宜検討する。
　形成した暫定的監査意見を監査証拠と照合して、その合理性・客観性、監査証拠の証拠力の十分性を検討し、高品質・高品格のものとするよう推敲する。

監査全般における留意事項

　内部監査組織は、外見的にも実質的にも、監査先から独立していなければならず、内部監査人は、監査業務の遂行に当たって、客観的でなければならない。

＊監査人は、業務範囲の決定、業務の遂行、業務結果の報告において干渉及び妨害等を受けることがあってはならないし、業績及び人事評価において干渉を受けることがあってはならない。
　　監査人は、外見的にも実質的にも、その独立性を常に保証されていなければならない。

＊監査人は、スタッフとして、客観的助言（アドバイス）を提供するだけであり、ライン組織への命令、ライン組織の業務の代理行為、コンサルティング（＝非監査業務）等をしてはならない。
　　監査人は、その独立性を自ら放棄することのないよう、常に注意しなければならない。

＊監査人は、公正不偏の態度を保持するために、監査先と利害関係を有するときは、当該監査を回避しなければならない。
　　因みに、裁判官の場合は、刑事訴訟法第20条（職務からの除訴）及び第21条（職務の忌避）の定めがあり、警察官の場合には、犯罪捜査規範第14条（捜査の回避）の定めがある。

内部監査人は、高い志を持ち、職責を自覚して、その職務を全うする。
　専門職としての懐疑心を持ち、正当な注意を払い、監査対象の事象を懐疑的（≒批判的）・客観的に観察、検討、評価する。

　現代の内部監査は、取締役会又は最高経営執行者等の経営者の代理人として実施する代理業務であるから、内部監査人は、経営者の懸念事項及び関心事を重点的に監査しなければならない。
　得意なところ、興味のあるところ、容易なところ、根幹ではなく枝葉末節を点検する性向が多数の内部監査人に見られるが、経営者の代理人である内部監査人が調査するべきところは、これらの対極にある。

　内部監査とは、回収遅延の及び滞留在庫の有無を調べるもの、重要な文書に監査先責任者の捺印があるか、適切に保管されているかどうかを調べるものと誤解をしている内部監査人が多いが、そうではない。
　第3章1で内部監査の基本を身に付けることの重要性を述べたのは、「How to」を習う前に「What for」を知ることが肝要だからである。

　これらを検証するのは予備調査でその必要性を認識してからであり、経営に貢献する内部監査で重点的に検証すべきは、事業体の計画達成の可否並びに金銭的及び評判的打撃を与える異常な事態の有無である。

　監査組織責任者等及び監査人は、**監査リスク・ベースの手法の活用により、費用対効果を考慮した効率的監査に心がける。**
　規程、基準、マニュアル等の有無及び数量よりも、職員の業務のそれらへの適合性（プロセスとしての有効性）の検証とそれら自体の適切性及び整合性（システムの有効性）の点検が重要である。

監査人は、監査先の組織及び業務だけでなく、関係部署との連携及び事業体全体のシステムにムリ、ムラ、ムダ等の合成の誤謬（ある部門の効率化によって生じる他部門の非効率化という矛盾）がないかを、**全体最適の観点**（＝経営者の観点）で検証する。

　監査人は、思込及び勘違いによる監査リスクを排除するために、予見及び予断を持って監査を実施しないよう注意を払う。
　事業体の健康診断を行なう内部監査においては、病巣の看過及び誤診等の過ちをしないよう注意を払う。

* 病原のある箇所、病気に罹りそうな箇所、怪我をしそうな箇所等を看過しないよう注意を払う。
* 正常な箇所を病巣と誤診しないよう、確信が持てるまで検診の範囲及び種類を拡大する。
* 症状が他の患者と似ていても病気の種類及び原因等が異なる場合もあるので、十分な検診を行ない、当該患者に適合する適切な助言を提供する。

　管理業務は、誤り及び過ちの予防、発見、是正に繋がる点検、牽制、監督、指導、支援等であるから、管理部署の監査において、単なる集計業務を管理業務と誤認しないよう注意を払う。
　見込捜査及び誤認逮捕の類の過ちを犯さぬよう、監査証拠を入手して事実であるかどうかの確認を行なう。

　監査人は、監査証拠との照合による事実確認と簡潔明瞭な文章による意見表明の両方をしっかりと行なう。

＊事実の検証に不備があると、高品質かつ高品格の成果物を提供できない。
＊事実の検証を十分に行なっても、成果物の出来栄えが悪ければ評価されない。

　監査組織責任者等は、監査リスクの有無の点検だけでなく、暫定的監査意見の文章の点検もしっかりと行なわなければならない。
　内部監査組織所属員は、広範かつ専門的な知識及び情報の収集、監査技術及び監査手続の修得、文章力及び表現力等の修練に努める。

　監査を料理に譬えると、調理（監査実務）と盛付（成果物）の両方をしっかりと行なわなければならない。

＊調理を疎かにした不味い料理を盛付でごまかそうとしても、一口でばれる。
＊しっかりと調理した美味しい料理でも盛付が下手であれば、食欲を減退させる。

　内部監査業務の３つの段階における主な留意点は、次の通りである。

[1] 予備調査の業務
　監査人は、予備調査を網羅的に行ない、監査リスク・ベースの監査手法で、適切な監査目標及び監査要点を設定する。

　監査組織責任者等は、予備調査及び監査要点の適切性を点検、評価して、必要な指導を行なう。

監査組織責任者等は、予備調査が十分に実施され、監査要点等及び監査実施手順書の記載内容（実地監査の実施手順）が適切かどうかを吟味して、実地監査の実施の可否を判断する。
　因って、監査予備調書の記載内容を点検するだけでなく、往査事前説明会を開催させて、監査担当者の説明を受ける方がよい。

[2] 本格監査の業務
　監査人は、監査証拠の入手により監査要点（否定的仮説）の当否を検証するとともに、監査手続の漏れ・追加すべき事項の有無、監査の進捗状況等を適宜に検討して、暫定的監査意見を形成する。

　監査組織責任者等は、実地調査が十分に実施されたか、暫定的監査意見が適切かどうかを吟味して、実地監査の完了の可否を判断する。
　因って、監査概要報告書を提出させ、監査概要報告会を開催させて、監査担当者の説明を受けるのがよい。
　その上で、暫定的監査意見の合理性及び監査証拠の証拠能力を吟味して確定し、監査調書の記載内容を点検及び添削して、監査リスクを合理的に低い水準に抑える。

[3] 意見表明の業務
　監査人は、暫定的監査意見を監査証拠との突合で合理性・客観性を検討して、監査リスクの低減に努めるとともに、高品質かつ高品格のものとするよう吟味する。

　監査組織責任者等は、監査結果通知書及び監査報告書の文章を点検及び添削して、高品質かつ高品格のものとする。

 **予備調査における留意事項**

　内部監査の基本は、網羅的予備調査の実施により、統制リスクが高い監査対象を絞り込み、適切な監査要点を設定し、実地監査においてそれらを重点的に監査する監査リスク・ベースの監査である。

＊監査リスク・ベースの監査は、固有リスクが現実化する蓋然性及びその影響度に応じて監査頻度を調整するものではない。
＊監査リスク・ベースの監査とは、内部統制の評価によって特定した重大な統制リスクの検証に十分な監査資源を配分することにより、監査リスクを合理的に低い水準に抑える監査手法である。
＊監査リスク・ベースの監査を掲げても、チェック・リスト上の記載項目だけの、監査要点を設定しない検査に終始すると、内部監査の実効は上がらない。

　予備調査においては、先ず山を見る、次に森を観る、そして木を視るという手順を踏む。

＊最初から小枝に注目すると（枝葉末節の些事に眼を奪われると）、当然に指摘及び提言しなければならない、異常な事態（重大な統制リスク）を見落としてしまう。
＊潔癖感から些細なことをほじくったり、些細なことを指摘及び提言したりすると、重箱の隅を突っつくと嘲笑される。

監査人は、予備調査の段階で、できるだけ多くの資料を収集し、監査先についての情報を分析し、監査先の組織及びその業務活動を把握し、内部統制の有効性を暫定的に評価する。

　その上で、個別監査目標を明確に設定し、実地監査の段階で重点的に検証する監査要点、監査範囲、監査項目を設定し、検証に適用する監査技術及び監査手続、往査場所、往査日程等を詳細に定める。
　これらを基に、実地監査の実施から監査報告書の提出に至る、一連の監査手続を組み立て、監査実施手順書及び監査予備調書に記載する。

　監査実施手順書とは、立証すべき監査要点、立証のための点検事項、入手すべき監査証拠、監査証拠の入手のために適用すべき監査技術及び監査手続、実施すべき手続等を体系的網羅的に記載した一覧表であり、実地監査において監査の手順、速度、点検内容の十分性及び網羅性等の確認に使用する監査手順照合表としても使用可能である。

　監査の開始から終了に至る監査プロセスにおいて、随時に順序不同でこれらの事項を監査実施手順書に書き込んでいく。
　WordとExcelを組み合わせると使い勝手がよい。監査実施手順書に記録した内容を整理し、所定の様式で清書をすれば、監査調書となる。

　監査先及びその関係部署等に対するアンケート調査により、監査先の業務の概要及び当該業務に対する関係部署の評価等を把握しようとする場合は、実地監査の実施前に回答を回収及び分析して適切な監査要点を設定するのに十分な時間を確保する。

 **本格監査における留意事項**

(1) 全般的留意事項

　実地監査においては、木を視る。特定した異常な事態については枝を診る。

　監査人は、監査予備調書に記載した監査要点、監査範囲、監査項目の検証及び監査証拠の入手という一連の監査手続を、遺漏及び遅滞なく、一貫性を保持して、適切（効果的・効率的・経済的）に実施する。
　予備調査の段階で準備したワーク・シート又はチェック・シート等を活用し、点検の漏れ、監査手続の遅延、時間切れによる実地監査の中途での打切りを防止する。

　監査人は、設定した監査要点に適合する監査技術及び監査手続を選択及び適用して監査要点を効率的に検証し、発見した異常な事態の存在の立証及びその抜本的解消のために形成する監査意見の合理性・客観性の立証において適切かつ有効な監査証拠を入手する。

(2) 面談における留意事項

　各層の多くの職員（自社の場合）又は役職員（子会社等の場合）と、個別に（上司の同席を避けて）、真摯な態度で面談する。

監査先の役職員との面談を効率的に遺漏なく実施するためには、予め監査人の間で業務分担を明確にしておく必要がある。

[1] 質問担当者
＊多くの面談を要領よく円滑に進めて、聴取及び点検の漏れ、遅延、時間切れを防止する。
＊ワーク・シートを活用して、面談の進捗状況を随時点検する。
＊質問をわかりやすく手短に行ない、常に極力聞き上手に徹する。
＊面談相手の説明の腰を折らず、理解を示しながら面談を進める。
＊重要な事項については、掘り下げて質問する。
＊相手の挙動を観察しながら面談を進め、汗のかき具合、指先の震え具合等の挙動の変化を見落とさないよう注意を払う。
＊特に、核心に迫る質問をするときは、眼の動き、声の調子の変化に注意を払う。
＊相手が真摯に答えているか、論理をすり替えていないかどうかにも注意を払う。
＊説明内容が曖昧又は不明瞭なときは、自分で言い直して確認する。但し、誘導尋問との誤解を受けないよう注意を要する。
＊質問事項と無関係の事項を説明する等で時間の浪費を狙っていると感じたときは、要領よく中断して次の質問に移る。
＊正直に答えていないと感じたときは、騙されたふりをして聴取し、適当なところで次の質問に移り、暫く時間をおいて（又は後日）、同一の質問と悟られないよう角度を変えて、再度質問する。

[2] 記録担当者
＊面談相手の応答内容を漏らさず記録する。

＊提供された資料が面談相手の説明内容を裏付けるものか、監査人が要求した通りのものか等を点検し、何の検証のために、いつ誰から入手したものかを仕分、整理して、保管する。

　上司と部下及び部下同士の説明が異なる場合は、質問を変えて何れの説明が正しいかを確認する。

　子会社等に対する監査で最高経営執行者と他の役員又は部門責任者、或いは彼らと中間管理職及び担当者の説明に重要な齟齬がある場合は、当該上位者の職務の執行の妥当性、十分性、適法性等について、慎重に点検する。

　面談相手の説明内容が曖昧な場合及び重要事項を確認したい場合は、自分で言い直して再確認する。
　その場合、誘導尋問と非難されかねない「○○ですよね」という類の質問をしてはならない。

　興味本位で、監査範囲から逸脱した（監査業務と関係のない）事項について質問をしてはならない。
　高圧的な態度及び非難、業務上の指示又は命令と受け取られかねない言動、セクシャル・ハラスメントと受け取られかねない質問及び言動をしてはならない。

　面談で聴取した事項、その事実確認、新たに発見した事項について、当日中に全員で検討し、監査実施手順書に細大漏らさず記録する。

(3) 暫定的監査意見の形成における留意事項

　監査人は、監査証拠の入手によって実在を確認した異常な事態の原因及び実情の指摘並びにその抜本的解消策を検討して、全体最適の暫定的監査意見を形成し、監査証拠と照合してその合理性を吟味する。
　更に、監査先責任者等と面談して、実地監査の結果の概要及び暫定的監査意見を説明し、質疑応答を行ない、納得を得る。

(4) 監査組織責任者等への概要報告

　監査人は、実地監査の顛末と暫定的監査意見を監査概要報告書に記載して監査組織責任者等に提出し、監査概要報告会を開催して説明する。
　監査組織責任者等は、質疑応答により暫定的監査意見及び監査証拠の適切性を吟味して、実地監査の終了を判断する。

(5) 監査調書の作成における留意事項

　監査人は、予備調査及び実地監査で実施した監査手続の顛末及び形成した監査意見等を監査調書に記載して、監査組織責任者の承認を得る。
　重要と考えて検証した事項については、結果的に指摘及び提言しない場合であっても、検証の顛末及び指摘及び提言しない理由を記載する。
　監査組織責任者等は、その記載内容を点検及び添削して、高品質かつ高品格のものとする。

IV 意見表明における留意事項

　監査人は、実施した監査の実効を上げるために、遅滞なくかつ的確に監査意見を表明する。

- ＊監査人は、監査意見の形成に当たり、事実誤認によるその訂正及び撤回という監査リスクの現実化を防止するために、監査意見を立証する証拠資料と照合して、自らの判断及び意見に誤りがないかどうかを入念に検討する。
- ＊監査先責任者及び同主管者の納得並びに最高経営執行者等の同意を得るため、読みやすくわかりやすい文章で監査意見を表明する。
- ＊監査の実効を上げるために、異常な事態の抜本的解消に役立つ監査意見を重要性・緊急性の順に、かつ簡潔明瞭に表明する。

　監査業務は、洋服の縫製に譬えると、顧客の体型及び用途に適合した注文服（tailor-made、custom-made、haute couture）の仕立てであり、既製品（ready-made、prêt-à-porter）の量産ではない。

- ＊前回又は他の監査人の指摘及び提言を真似て書くものではない。
- ＊監査先の実情に基づく自らの監査意見（指摘及び提言）を書く。

　監査意見の表明は、事実かどうかを検証した結果の伝達であり、聴取した事項の伝達ではないことに留意する。

＊監査先及び関係部署等から聞いた通りに書く、教えて貰って書く、〇〇の由と書くのは、伝聞事項の記録及び伝達であり、監査意見の提供ではない。

「〇〇を見直して下さい」「〇〇することを検討して下さい」「〇〇を改善して下さい」は、要請であり、監査意見の提供ではない。

＊この種の具体的な目標値を求めない要請は、「見直しました」「検討しました」「改善しました」で済まされてしまう。
＊これらを、一般に、実のない意見、形式的な意見、表面的な意見というが、厳密には意見ではなく、対応を期待しない無責任な要請である。

事実誤認及び不的確な表現等による監査意見の訂正及び撤回は、監査リスクの現実化であり、監査人として最も恥じるべき行為であるから、監査意見を立証する証拠資料を入手して、自己の判断及び意見に誤りがないかどうかを入念に検討する。

＊特定した異常な事態とそのまま放置した場合の影響（因果関係）を明確にして、その抜本的解消に有効な監査意見を形成する。
＊枝葉末節の些事に惑わされて、肝心の幹ではなく枝葉を重視する、本末転倒の監査意見を形成しないよう、留意する。

監査組織責任者等も、監査人が入手した監査証拠の証拠力の十分性、監査人が形成した監査意見の合理性・文章表現の品格等について入念に点検して、監査リスクの低減及び監査の実効の確保に努める。

内部監査人は、指摘及び提言の数稼ぎをしても、評価されない。それどころか、監査先責任者に恥をさらされたと受け取られて、内部監査の実効を上げることができなくなるので、重要な者に絞るのがよい。

　内部監査人は、難解な漢字を使用したり言回しをしたりして、自己の知識や経験をひけらかしてはならない。

> **column9　間違った常識の危険性**
>
> 　2014年3月に柏市で連続殺傷事件が発生したときに、児童生徒の保護の手段として集団登下校が実施され、TVでも連日放映された。子供たちだけでは危険なので親が付き添っていくべきとの母親の意見も報道された。
>
> 　この集団登下校は、無差別殺人という犯人の意図を理解していないこと及びそれが最善の防衛手段（常識）と妄信していることからもたらされた、不合理な防衛手段である。
>
> 　集団登下校は、児童生徒を交通事故から護る目的で昭和30年代に当時の文部省が指導したものであるが、逆に大事故に巻き込まれる危険性も喚起している。
>
> 　集団登下校は、児童生徒を誘拐拉致から護る効果を発揮したが、無差別テロには格好の標的となる。柏市で採るべきであった最善策は、休園及び休校であり、マス・メディアはこの種の注意を喚起するべきであった。
>
> 　この例からもわかる通り、常識と理解されていることにも大きな誤解があるので、これまで一般に常識と考えられていたことが本当に理に適っているか、有効なものか、最善のものかどうかを疑ってみる必要がある。

 **本書の総括**

　実効を上げる現代の実践的内部監査の実施上の要点は前述した通りであるが、要点中の要点を以下に要約して、本書の総括とする。

　実効を上げる内部監査を実施するためには、監査手続の実施要領及び個別の監査技術等を修得する前に、肝心の内部監査の基本をしっかりと身に付けることが肝要である。

　内部監査人の職務とは、立派な監査報告書を提出することではなく、経営目標の達成、事業の継続、事業体の存続を危うくする異常な事態の抜本的排除に有効な助言を提供し、その実行に導き、実現させることによって、事業体の健全かつ継続的発展に貢献することである。

　実効をもたらす内部監査は、監査リスク・ベースの監査手法による、適切な監査要点の設定とその十分な検証にかかっている。

- ＊網羅的で遺漏のない予備調査の実施による明確な監査目標の設定、適切な監査要点の設定
- ＊実地監査における監査要点の重点的検証、監査証拠の入手
- ＊監査証拠との照合による適切な監査意見の形成、十分な点検による監査リスクの抑制、正確な文章によるその伝達

監査人は、発見して指摘しなければならない異常な事態を不注意及び怠慢によって看過することのないよう、専門職としての懐疑心を持ち、正当な注意を払い、記録、事象、面談相手の説明等を客観的・批判的に検証し、裏付資料と照合して、評価、確認する。

　表層的・形式的な検証では実態を把握できないので、疑わしいものは実証的検証によって（確証の入手によって）事実を確認する。

　監査人は、その職務を果たすために、注意力、感性、知恵、平衡感覚、一般常識、監査の専門的知識及び技能、論理的思考能力、文章力、その他の能力を養う。

　監査人は、これまで述べた留意事項を念頭に、上掲の各種能力を活用及び発揮して、以下の３つを実践するよう心掛ける。

＊物事を、思考を凝らしながら、深く、広く、多面的・立体的に視る。
　　物事を、有機的・複合的に関連付けて、多面的に検証することが大切である。

＊物事の外見ではなく、その実質（核心）を見抜き、実体及び実態を見極める。
　　重要な事項については、事実とされているものであっても、理に適っているかどうかを検討し、裏付資料と照合して、真実であるかどうかを確かめることが大切である。
　　書かれた文意を正確に読み取ること、書かれている内容が正確であるかどうかを確かめることも大切である。

＊証拠を入手して確認した事実（真実・実態・実情）の指摘と自身の意見を明確に区別して、客観的かつ正確に伝達する。
　確認した事実を正確に伝える文章を書くこと、客観的監査意見を正確に伝える文章を書くことが大切である。

監査組織責任者等は、これらが個別監査において適時かつ的確に実行されるよう、監査人の指導及び成果物の添削等を行なう。

ときには難易度の高い監査先を割り当てられ、ときには非協力的監査先に出会い、何度かの後悔と挫折を経験すると思うが、本書で解説した内部監査の基本と留意事項を心に留め、使命感を持って地に足のついた内部監査を着実に実施することが肝要である。
　その都度、反省と改善の努力を重ねれば、そのうちに必ず内部監査の実効を上げることができるし、そのことによって達成感と満足感を得ることができる。

現代の実践的内部監査の「実践」とは、一般的に言う「理論に対する実践」ではなく、「自身の行動によってその環境を変えていくこと」を意味している。内部監査人は、自身の所属する事業体をよりよいものにする重要な任務を与えられているのである。
　内部監査人に期待されているものは、その行動によって自社及びその子会社等の健全かつ継続的発展に貢献する「実践」である。本書がその一助となれば、筆者として、これに勝る喜びはない。

ガンバレ、内部監査人！

用語解説

　内部監査で使用する監査特有の用語を以下において概説するが、あくまでも内部監査に限定した語意であることに注意願いたい。

意見表明
　監査結果通知書による監査先組織の責任者に対する監査意見の伝達、及び監査報告書による最高経営執行者に対する監査意見の伝達

往査
　監査を実施するために監査人が実地に赴く行為

回答書
　監査先組織の責任者が監査意見（指摘及び提言）に対する措置を記載して監査組織の責任者に提出する文書

監査意見
　監査人が監査証拠に基づいて述べる意見（＝指摘及び提言）

監査結果通知書
　監査組織の責任者が実施した監査の概要及び監査意見等の監査結果を監査先組織の責任者に通知するもの

監査項目
　監査人が評価及び確認するために検証する監査の対象項目

監査実施手順書（監査プログラム）
　実地監査の効率的・効果的実施のために、実地監査で検証する項目、方法、手順を具体的かつ詳細に纏めた予定表

監査証拠
　監査人の監査意見を立証する証拠としての資料及び事実

監査対象
　監査人が評価及び確認するために検証する監査の対象物

監査調書
　実施した予備調査から監査意見の表明に至る一連の監査行為及び監査結果を詳細に記載した文書

監査範囲
　監査人が評価及び確認するために検証する監査の対象範囲
　（これを細分化したものが監査項目）

監査報告書
　監査組織の責任者が最高経営執行者に提出する監査結果の報告書

監査目的
　監査組織が監査の実施により実現しようとする事柄

監査目標
　監査組織及び監査人が個別監査の実施により実現しようとする事柄

監査要点

監査意見(指摘及び提言)の基となる異常な事態を効率的に識別する監査を実施する上での要点

監査予備調書

予備調査を実施して把握した監査先の組織及び業務の概要、設定した監査目標、監査要点、監査要点として設定した理由、監査範囲及び監査項目、往査場所及び日程等の予備調査の結果を詳細に記載した文書

実地監査(現場監査)

監査人が監査先に赴いて(実地で、現場で)実施する監査
(机上監査又は書面監査に相対する用語)

本格監査

監査要点の検証、監査証拠の収集、監査意見の形成、監査証拠の証拠力及び監査意見の合理性の検討、監査リスクの有無の検討等の実地監査から監査調書の完成に至る一連の監査行為
(予備調査に相対する用語)

フォロー・アップ

監査人が回答書に記載された措置が約束通りに実施されたかどうかをその完了予定時期に検証する監査業務

予備調査

実地監査の事前準備として実施する机上調査又は書面調査
(実地監査に相対する用語)

索 引

[ア]

意見表明 …………………………………………………… 42
意見表明の業務 ……………………………………… 42, 65, 179
異常性及び健全性の検証の監査手続 ……………………… 121
異常な事態 …………………………………………………… 15, 54

閲覧（監査技術）………………………………………… 123

往査 ………………………………………………………… 185
往査事前説明会 ……………………………………… 40, 58, 72
往査日程通知書 ……………………………………………… **55**, 72

[カ]

回答書 ……………………………………………… **68**, 99, 185
確認（監査技術）………………………………………… 127
監査意見 …………………………………………………… 20, 185
監査意見の形成 ……………………………………… 60, 97, 178
監査概要報告会 …………………………………………… 42, **61**
監査概要報告書 …………………………………………… 61, 78
監査基本計画 ……………………………………………… 153
監査業務計画書 ……………………………………… **46**, 57, 70
監査技術 ……………………………………… 20, 55, 60, 121
監査結果通知書 ……………………………… **65**, 82, 99, 185
監査項目 …………………………………………………… 55, 185
監査先への事前アンケート（監査技術）………………… 122
監査先の利用者へのアンケート（監査技術）…………… 122
監査実施計画 ……………………………………………… 155
監査実施通知書 …………………………………………… **49**, 71
監査実施手順書（監査プログラム）………… **56**, 73, 95, 186
監査証拠 ……………………………………………… 16, 43, 186
監査対象 …………………………………………………… 5, 186

監査調書	**63**, 79, 98, 186
監査テーマ	104, 136
監査手続	20, 55, 60, 121
監査範囲	55, 186
監査報告書	67, 84, 99, 186
監査マニュアル	103
監査目的	34, **92**, 186
監査目標	34, **54**, 94, 186
監査要点	55, 95, **110**, 187
監査予備調書	33, **55**, 187
監査リスク	26, 47
外部監査の監査リスク	30
内部監査の監査リスク	32
監査リスク・ベースの監査	30
監査リスク・ベースの内部監査	34
勘定突合（監査技術）	122
勘定分析（監査技術）	123
継続企業（ゴーイング・コンサーン）	7
検証	15
現場監査	96, 187
固有リスク	25
コンプライアンス	5, 9

[サ]

財務諸表監査の監査要点	
期間配分の適切性	119
権利と義務の帰属	119
実在性	118
評価の妥当性	119
表示の妥当性	119
網羅性	118
財務諸表監査の目的	7

財務報告に係る内部統制 ································· 9
財務報告に係る内部統制の評価 ······················· 9, 23
残余リスク（残存リスク）······························· 24

事前的予備調査 ·· 45
実査（監査技術）·· 126
実数分析（監査技術）··································· 124
実地監査 ······································ 41, **59**, 175, 187
実地監査の業務
指摘 ·· 16
証憑突合 ·· 121

趨勢分析（監査技術）··································· 124

潜在リスク ··· 24
全般的内部統制の体制及び態勢 ······················ 8, 11

[タ]

体制（システム）／態勢（プロセス）················· 8

チェック・リスト ······································· 101
帳簿突合（監査技術）··································· 122

テーマ監査 ··· 104, 136
提言 ·· 16
摘発リスク（発見リスク）······························· 26

統制リスク ··· 23

[ナ]

内部監査の実効 ·· 21
内部監査の目的 ·· 20
内部検査 ·· 12, 16
内部統制の有効性の評価 ···················· 22, 94, 108, 114

日常的モニタリング ……………………………………… **18**, 106

年齢調べ（監査技術）…………………………………… 124

[ハ]

発見リスク（摘発リスク）……………………………… 26

比較（監査技術）………………………………………… 123
比率分析（監査技術）…………………………………… 124

フォロー・アップ ………………………………………… 38, 68
不正な財務報告 ……………………………………………… 5
不正のトライアングル ………………………………… 105
分析的手続（監査技術）………………………………… 127

本格監査 ……………………………………………… 41, 187
本格監査の業務 …………………………………… **59**, 109, 175
本格的予備調査 ………………………………………… 51

[マ]

面談（インタビュー）…………………………………… 126

目的／目標 ………………………………………………… 88

[ヤ]

予備調査 ……………………………………………… 39, 187
予備調査の業務 ……………………………………… **45**, 108, 173

[ラ]

リスク・アプローチ …………………………………… 24, 29
リスク・アプローチの監査 …………………………… 30, 104
リスクの（暫定）評価 ………………………… 32, 36, 109, 132
リスク・ベースの監査 ………………………………… 104

《著者紹介》

川村　眞一（かわむら　しんいち）

　1947年盛岡市生まれ。1970年三菱商事㈱入社。1980年7月から2000年3月まで20年余の殆どを5か国5社の海外事業投資会社CEO等として勤務。2000年3月末に監査部へ転籍。2001年4月から2007年末退職まで監査部部長。

　2002年から現在まで一般社団法人日本内部監査協会等の講習会等で講師を務めている。

〈主要著書〉
『これだけは知っておきたい取締役・監査役・監査部長等にとっての内部監査（改訂版）』2018年
『現代の実践的内部監査（七訂版）』2021年
『これだけは知っておきたい内部監査の基本（六訂版）』2016年
『これだけは知っておきたい内部監査の手法　②〈不正・異常性発見の内部監査〉』2009年
『これだけは知っておきたい内部監査の手法　①〈グループ会社の内部監査〉』2009年
『内部統制と内部監査（増補版）』2008年
（何れも同文舘出版より刊行）

平成21年9月15日	初　版　発　行	
平成25年5月25日	改訂版発行	
平成27年9月11日	改訂版2刷発行	
平成28年2月25日	三訂版発行	（検印省略）
令和5年3月15日	三訂版6刷発行	略称：内部監査実務（三）

これだけは知っておきたい
内部監査の実務（三訂版）

著　者　Ⓒ　川　村　眞　一
発行者　　　中　島　豊　彦

発行所　**同文舘出版株式会社**

東京都千代田区神田神保町1-41　〒101-0051
営業(03)3294-1801　　編集(03)3294-1803
振替 00100-8-42935　http://www.dobunkan.co.jp

Printed in Japan 2016　　　　　　　　　　製版　一企画
　　　　　　　　　　　　　　　　　　印刷・製本　三美印刷

ISBN978-4-495-19383-6

[JCOPY]〈出版者著作権管理機構　委託出版物〉
本書の無断複製は著作権法上での例外を除き禁じられています。複製される場合は、そのつど事前に、出版者著作権管理機構（電話 03-5244-5088、FAX 03-5244-5089、e-mail: info@jcopy.or.jp）の許諾を得てください。

本書とともに〈好評発売中〉

これだけは知っておきたい 内部監査の基本（六訂版）

A5判・222頁
税込2,200円（本体2,000円）
2016年7月発行

これだけは知っておきたい 内部監査の手法①

A5判・180頁
税込2,200円（本体2,000円）
2009年9月発行

これだけは知っておきたい 内部監査の手法②

A5判・180頁
税込2,200円（本体2,000円）
2009年12月発行

これだけは知っておきたい 取締役・監査役・監査部長等にとっての内部監査（改訂版）

A5判・234頁
税込2,750円（本体2,500円）
2018年9月発行

現代の実践的内部監査（七訂版）

A5判・426頁
税込3,960円（本体3,600円）
2021年3月発行

同文舘出版株式会社